Friedrich Hacker
Das Faschismus-Syndrom

Friedrich Hacker

Das Faschismus-Syndrom

Psychoanalyse
eines aktuellen Phänomens

Herausgegeben
von
Doris Mendlewitsch

ECON Verlag
Düsseldorf · Wien · New York

CIP-Titelaufnahme der Deutschen Bibliothek

Hacker, Friedrich:
Das Faschismus-Syndrom: Psychoanalyse eines aktuellen
Phänomens / Friedrich Hacker. Hrsg. von Doris Mendlewitsch. –
Düsseldorf; Wien; New York: ECON Verl., 1990
ISBN 3-430-13750-0

Gesetzt aus der Times der Firma Linotype
Satz: Computersatz Bonn GmbH, Bonn
Papier: Papierfabrik Schleipen GmbH, Bad Dürkheim
Druck und Bindearbeiten: Bercker, Kevelaer
Printed in Germany
ISBN 3-430-13750-0

Inhalt

Editorische Vorbemerkung

Friedrich Hacker war einer der bekanntesten Psychoanalytiker unserer Zeit. Das hing zum einen mit seiner Persönlichkeit selbst zusammen; er suchte als Aufklärer sein Publikum in einer breiten Öffentlichkeit, wollte von mehr Menschen verstanden werden als nur von einer »elitären« Gruppe von Universitätsprofessoren. Zum anderen lag das aber auch an seinen Forschungsthemen. Hacker hat nicht nur einzelne Patienten behandelt, er hat sich darüber hinaus den großen Problemen moderner Gesellschaften gewidmet: Aggression, Terror, Gefährdung und Mißbrauch der Freiheit.

Daß diese Themen für viele Menschen brennend aktuell waren und sind, zeigen die hohen Auflagen, die Hackers Bücher erreichten. Von wissenschaftlichem Anspruch getragen, aber dennoch »populär« geschrieben, breitete er seine Thesen aus. Daß diese nicht nur theoretisch plausibel waren, sondern auch der sogenannten Wirklichkeit standhielten, erwies sich an einigen spektakulären Missionen Hackers. 1973 verhandelte er für die österreichische Regierung mit Terroristen, welche die Passagiere eines Zuges in Niederösterreich gefangenhielten, und konnte die Geiselnahme zu einem unblutigen Ende bringen. Als 1980 der österreichische Botschafter in Kolumbien entführt wurde, konnte Hacker, unter Einsatz beträchtlichen persönlichen Muts, die Terroristen zur Freilassung ihrer Geisel überreden. Seine Hinweise und Ratschläge trugen wesentlich zur Aufklärung des Mordes an Sharon Tate bei; als Berater wirkte er mit bei der Untersuchung des Kidnappings von Patricia Hearst, der Tochter des amerikanischen Zeitungsverlegers.

Sein lebenslanges Interesse an den Phänomenen der Gewalt und Unterdrückung mag auch biographische Gründe gehabt haben. 1914 in Wien geboren, mußte er 1938, nach dem Einmarsch Hitlers in Österreich, wie viele andere emigrieren – wie auch Sigmund Freud. Über Basel, wo er 1939 promovierte, ging Hacker nach Amerika und arbeitete dort auch mit den emigrierten Mitgliedern der Frankfurter Schule unter anderem an der berühmten Untersuchung über den »autoritären Charakter«.

Hacker wandte sich gegen Unterdrückung oder auch nur Einschränkung in jeder Form, so auch gegen die »Schulenbildung« in der Wissenschaft. Als Schüler Freuds und als Gründer der Sigmund-Freud-Gesellschaft in Wien focht er manchen Strauß mit dessen Anhängern aus, die sich gegen jede Weiterentwicklung oder Modifizierung seiner Lehre sträubten.

Friedrich Hacker war im Grunde ein humanistischer Aufklärer. Er zog aber sehr wohl die Grenze zwischen einem tiefen, psychoanalytischen Verständnis für die Ursachen von Fehlentwicklungen im menschlichen Zusammenleben und einer scharfen, kritischen und notwendigen Verurteilung gewalttätiger »Lösungsversuche«. Vor allem ließ Hacker nie

8

einen Zweifel daran, daß die Verantwortung für solche Irrtümer immer bei den Menschen selbst zu suchen sei, daß niemand irgendeine höhere Instanz, sei es die Natur, die Geschichte oder etwas anderes, als Entschuldigung anführen könne.

In diesem Sinne ist auch der hier vorliegende Essay über das Faschismus-Syndrom zu verstehen, den Friedrich Hacker vor einigen Jahren in eine (nie veröffentlichte) Faschismusstudie des Instituts für Konfliktforschung einbrachte.

Hacker hat bei dieser Studie nicht speziell die »Republikaner« im Auge gehabt, aber sie natürlich auch gemeint. Ihr Erstarken kann als praktische Bestätigung seiner Ausführungen gelten. Hacker hat es nicht zuletzt deshalb vermieden, über eine bestimmte Gruppierung zu schreiben oder sie zu beschreiben, weil er einer vorschnellen Selbstidentifizierung des Lesers mit den »Guten« vorbeugen wollte. Äußere Erscheinungsformen und oft an der Oberfläche bleibende soziale oder politische Erklärungsversuche für die Erfolge faschistischen Gedankenguts verstellen außerdem häufig den Blick auf die eigentlichen Ursachen, auf den »Ort«, an dem die Faszination tatsächlich greift.

Hacker untersucht Vorgänge auf der psychischen Ebene, die dazu führen, daß Gewaltparolen, Abgrenzungsbewegungen und willkürliche Feindbilder unter bestimmten Umständen auf so fruchtbaren Boden fallen. Dabei stützt er sich auf die Grundlagen der Psychoanalyse, auf ihre Erklärungsmodelle der verschiedenen Kräfte im Menschen, der Konflikte zwischen rationalem Verhalten und unbewußten Trieben, dem Ich bzw. Über-Ich und dem Es.

Im Kernstück seines Essays, den »Zehn Kategorien des Faschismus-Syndroms«, analysiert Hacker die wesentlichen Elemente faschistischen Denkens bzw. Handelns. Dabei kommt es ihm darauf an, zu betonen, daß jedes für sich allein noch keinen Faschisten ausmacht, sondern erst alle zusammen. Einzelne dieser Kategorien finden sich, durchaus in ausgeprägter oder gemilderter Form, in den etablierten Parteien und politischen Denkrichtungen. Deshalb ist Hackers Essay auch eine Warnung, die Grauzonen zwischen etablierten Vorstellungen und faschistischen oder rechtsradikalen Ideen nicht aus dem Auge zu verlieren und eine Annäherung, die der faschistischen Ideologie möglicherweise ein ehrbares Etikett verleiht, zu bekämpfen.

Friedrich Hacker hat immer versucht, seine Erkenntnisse möglichst vielen Menschen zugänglich zu machen. Er hat in zahlreichen Fernsehdiskussionen unermüdlich debattiert und für ein besseres Verstehen gestritten; zu Beginn einer solchen Sendung über die »Republikaner« starb Friedrich Hacker am 23. Juni 1989. Er hat in seinem Bemühen keineswegs übertriebene Hoffnungen gehegt. Wie er in seinem Buch »Aggression. Die Brutalisierung unserer Welt« meinte: »Ich weiß um die Dialektik der Aufklärung und huldige keinem platten Fortschrittsglauben, doch bin ich davon überzeugt, daß sich Menschen und Institutionen auch zum Besseren än-

dern können, was schon dadurch bewiesen ist, daß
sie sich bisher so oft zum Schlechteren verändert haben.« In diesem Sinne könnte Hackers Essay über
das Faschismus-Syndrom ein aufklärerischer Beitrag
für eine Wendung zum Besseren sein.

Düsseldorf, im Oktober 1989
Doris Mendlewitsch

I.
Das Problem und die Notwendigkeit, über Faschismus zu schreiben

1.
Ein einleitender Überblick

Gegen den sich wissenschaftlich gebärdenden Unfug, jede autoritäre oder gar jede als unliebsam empfundene Strömung als faschistisch oder — etwas vorsichtiger — als faschistoid zu denunzieren, gibt es triftige Einwände. In gewissem Sinne stellt diese Tendenz eine (bewußte oder unbewußte) Nachahmung der projektiven Verteufelungstaktik faschistischen Denkens und Fühlens dar. Die Kritische Theorie hat zu Recht gegen vorschnelle Verallgemeinerung in vorgegebenen Kategorien und prästabilisierten Stereotypen gewarnt; der klassifikatorischen Einordnung in Kategorien (vor allem in »Feindkategorien«) haftet die imperative Geste autoritärer Zuordnung an, die typisierte Menschen mit klischeehaften Zügen »produziert«.

Die berechtigte Warnung vor ungebührlicher oder allzu schneller Typisierung sollte jedoch nicht durch radikalen Verzicht auf alle Generalisierung den Erkenntnisgewinn aufgeben, der durch das gestaltmäßige Zusammensehen des keineswegs zufälligen Zusammentreffens charakteristischer Eigenschaften und Ausdrucksformen zu erlangen wäre. Bei bewußter Zurkenntnisnahme aller Einwände läßt sich ein »faschistisches Syndrom« nicht nur konstruieren, sondern unter den verschiedensten Herrschaftsformen als sozialpsychologisches, in bezeichnender Gesetzmäßigkeit auftretendes Phänomen legitim nachweisen, was allerdings eine bestimmte, nämlich eine sozialpsychologische Sichtweise des über seine rein politologische Bedeutung ausgeweiteten Faschismusbegriffes impliziert.

Auch ich neige der Ansicht zu, daß der Begriff Faschismus klar definierbar und abgrenzbar bleiben muß, um wichtigeren wissenschaftlichen und politisch-strategischen Zwecken dienen zu können als tagespolitischer Polemik und der psychischen Entlastung durch Denunziation. Gerade die Bemühungen um Abgrenzung von emotionell stark besetzten (und belasteten) Begriffen sind besonders der Versuchung ausgesetzt, eine einzige Ursache monokausal als allein wesentliche auszugeben.

Gegenüber der Methode der brutalen Vereinfachung um jeden Preis, die eine scheinbare Begriffsklarheit hervorbringt, tatsächlich jedoch eine dem Forschungsgegenstand »Faschismus« inhärente Tendenz mit umgekehrten Vorzeichen widerspiegelt, ist der Mut zur Komplexität (auch in der Begriffsbildung) zu beweisen und jede willkürliche Verselbständigung einzelner Merkmalsdimensionen zu vermeiden. Dennoch ist dieses Definitionsideal nur annäherungsweise erreichbar, da sich die Ausdrucksformen des Faschismus historisch und gegenwärtig ändern und sich zudem gerade wegen der Koalitionsfähigkeit des Faschismus zahlreiche, voneinander verschiedene Bündnisnuancen, Übergänge und Überschneidungen mit anderen Organisationssystemen entwickeln können.

In den siebziger Jahren hatte sich die öffentliche Aufmerksamkeit der Behörden und der Bevölkerung in Mitteleuropa vor allem auf die Gefahr des gewalttätigen Linksextremismus gerichtet. Die Öffentlichkeit in den westlichen Demokratien hatte sich daran gewöhnt, gesellschaftszerstörende Gewalt automatisch und lediglich linksinspirierten Gruppen zuzuschreiben. Seither hat jedoch wiederaufflammender Rechtsextremismus in seinen verschiedenen neuen und alten Formen durch gewalttätige Aktionen die bis dahin übliche Betrachtungsweise in Verwirrung gebracht.

Indizien für ein Wiederaufflammen rechtsradikaler Tätigkeiten gab es jedoch genug, besonders wenn man das prophetische Wort Adornos berücksichtigte, daß das Nachleben des Nationalsozialismus in der Demokratie potentiell bedrohlicher sei als offen gegen die Demokratie gerichtete faschistische Tendenzen. Daß rechtsextremistische Tendenzen in organisierter und vor allem auch nichtorganisierter Form existent sind, wurde spätestens 1980 durch die neofaschistischen gewalttätigen Anschläge in Bologna und beim Oktoberfest in München vor den deutschen Bundestagswahlen deutlich. Seitdem konnte kaum jemand mehr an der Fehldiagnose festhalten, daß es sich bei rechtsradikalen Aktivitäten nur um Einzeltäter, um Agenten oder Wahnsinnige handle, die wegen ihrer sporadischen Aktivitäten und mangelnden Koordination mehr die Aufmerksamkeit des Psychiaters als des Sozialpsychologen und Politikers verdienten. Die Wahlerfolge der »Republikaner« in der Bundesrepublik können als ein weiteres Indiz für die Verfestigung und Institutionalisierung rechtsextremer Tendenzen gelten.

Die traditionelle Vorurteils-, Antisemitismus- und Faschismusforschung der letzten vierzig Jahre beruhte auf dem klassischen Werk Theodor W. Adornos und seiner Mitarbeiter, zu denen auch ich zählte. In »Der autoritäre Charakter«[1] werden die Ergebnisse der umfangreichen empirischen Untersuchung zusammengefaßt. Danach mangelt es den autoritären Charakteren an Einsicht, Reflexion, Spekulation und Phantasie. Sie glauben ihr Schicksal von mystischen Gegebenheiten bestimmt, akzeptieren fraglos Autoritäten der eigenen Gruppe, wünschen sich mächtige Führer, zeigen Gehorsam und Respekt gegenüber Autoritäten und erwarten dasselbe besonders von Untergebenen und Kindern. Sie befürworten eine strenge Bestrafung aller Andersdenkenden und harte Behandlung aller Andersartigen. Als Elemente der autoritären Persönlichkeitsstruktur sind Konventionalismus, autoritäre Unterwürfigkeit, Machtstreben, Robustheit, Aberglaube, Destruktivität, Zynismus und Projektivität charakteristisch.

Hypothetisch wurde angenommen, daß zwischenmenschliches und politisches Verhalten von derartigen intrapersonalen Konstellationen entscheidend beeinflußt werde. Später entwickelte Milton Rokeach[2] eine Dogmatismusskala, die Grade der Rigidität zu messen bemüht war. Rokeach ergänzte diese Erwägungen durch Kategorien über offene und geschlossene Glaubenssysteme; der dogmatische Mensch glaubt unkritisch an absolute politische oder religiöse Autoritäten, was als Filter für alle anderen Informationen dient.

Klaus Roghmann[3] fügte späterhin den Autoritarismus-Dogmatismus-Skalen soziologische Komponenten wie sozialen Status und soziale Mobilität als Einflußfaktoren für die Herausbildung von dogmatisch-autoritären Haltungen hinzu.

In der Tradition Émile Durkheims[4] und Ludwig Gumplowiczs[5] (die Ähnlichkeiten mit neueren Konzepten des französischen Strukturalismus aufweisen) wurden gruppensoziologische Ansätze mit besonderer Betonung der sozialen Zugehörigkeit und deren Bedeutung entwickelt, die darauf hinweisen, daß in vielen Fällen nicht nur das Individuum selbst denkt oder handelt, sondern, durch es hindurch, seine soziale Gemeinschaft und Umwelt (Kollektivbewußtsein).

Grossarth-Maticek[6] wendet ähnliche Einsichten in der Studie politisch aktiver Individuen im studentischen Protest an und sieht in der studentischen Bewegung, so wie Adorno im Rechtsradikalismus, einen Zusammenschluß psychisch Gestörter (tyrannisches Über-Ich, Fixierung an eine dominant-frustrierende Mutter usw.). Ähnliche psychoanalytisch orientierte Vermutungen bezüglich gleichzeitiger Verachtung und Idealisierung der Eltern, ungenügender Entwicklung und Eigenständigkeit usw. wurden in verschiedenster Form vorgebracht, leiden aber alle an ungenügender empirischer Untermauerung.

Nicht zuletzt deshalb hat die 1981 erschienene Sinus-Studie[7] zu Recht große wissenschaftliche und öffentliche Aufmerksamkeit erregt, vor allem deshalb, weil die auf Selbstzeugnissen beruhenden empirischen Befunde aussagen, daß mehr als 13 Prozent der Bevölkerung in der Bundesrepublik ein rechtsextremes Einstellungspotential besitzen und über ein geschlossenes rechtsextremes Weltbild verfügen. Einigermaßen überraschend wird dieser unerwartet hohe Prozentsatz vorwiegend nicht von Jugendlichen, sondern von älteren Bevölkerungsschichten hervorgebracht (»alle Altersgruppen unter 40 Jahren sind überdurchschnittlich resistent gegenüber rechtsextremer Ideologie«).

Die Sinus-Studie warnt vor vorschnellen Generalisierungen und vor dem Fehlschluß, daß der Faschismus sich historisch nicht verändere, notwendig zentral organisiert und überall gleich sei. Die Studie weist darauf hin, daß soziale Faktoren wie tatsächliche oder drohende Arbeitslosigkeit, niederer Bildungsgrad, Mangel an intellektueller Motivation usw. wichtige Ursprungselemente darstellen und daß es sich bei faschistischen Haltungen und Einstellungen um das Zusammenwirken individualpsychologischer und sozialstruktureller Tatsachenmuster handle.

Meine eigenen Studien bestätigen die Wichtigkeit des Hinweises auf Männlichkeitswahn, Hochschätzung der Gewalt, autoritäre Aggression, Idealisierung der Führerfiguren zum Überkommen der eigenen Ohnmachtserfahrungen usw. Besonders bedeutsam scheinen die fundierten Hinweise auf angepaßten Faschismus, der Elemente des alten konservativen Nationalismus mit ökonomischem Pessimismus, neue ökologische Gesichtspunkte, nationalrevolutionäre Elemente und andere Alternativbestrebungen sowohl einschließt wie ausnützt.

2.
Alte und neue Feindbilder

Nach dem Zweiten Weltkrieg waren alle Energien
der Bevölkerung in Österreich und Deutschland auf
den Wiederaufbau gerichtet, der auch tatsächlich im
»Wirtschaftswunder« gipfelte, das nicht nur zu einem unerwarteten Hinaufschnellen des allgemeinen
Lebensstandards auf ungeahnte Höhen und zur
Festigung bürgerlicher Sicherheit (allerdings bei
Weiterbestehen eklatanter sozialer Ungleichheiten) führte, sondern auch als Wachstums- und
Fortschrittstriumph spirituelle Werte zumindest vor-
täuschte und zum Ideologieersatz wurde. Gesell-
schaftstheoreme wie die vom Anbrechen eines
»postideologischen Zeitalters«, vom automatischen,
unbegrenzten technischen Fortschritt, der als angeblich unpolitisch dargestellt wurde, und von der Beurteilung der Jugend als skeptische, d. h. nur er-
folgsorientierte Generation waren damals sehr in
Mode.

Bei Abschluß der wirtschaftlichen Wachstums-
phase traten dann die zahlreichen ungelösten sozialen, wirtschaftlichen und psychologischen Konflikte
drastisch in den Vordergrund und führten zu den
bekannten Ereignissen der späten sechziger und frühen siebziger Jahre, welche die öffentliche Aufmerksamkeit auf die von Linksradikalen ausgehen-
de Gefahr lenkten. Trotzdem (oder vielleicht
deswegen) konnten sich rechtsextreme Strömungen

unter dem Deckmantel der ihnen immer wieder attestierten Bedeutungslosigkeit in den westlichen Demokratien ungehindert entfalten.

Freilich hatte sich die Situation grundsätzlich verändert, der unter amerikanischer Führung (und vorerst sogar Bevormundung) vorgenommene wirtschaftliche und spirituelle Wiederaufbau Deutschlands und Österreichs wandelte alle verantwortlichen Rechtsparteien zu verläßlich staatstragenden und demokratiebejahenden Kräften, was bekanntlich weder für die Weimarer Republik noch für den Ständestaat Österreich zutraf. Jedenfalls wurde die rechtsradikale Gefahr gründlich verkannt, was sowohl auf Verleugnung, Verdrängung, Ignoranz, Konzentration auf wirtschaftlich-technologische Aspekte der Gegenwart usw. wie auch auf die tatsächliche Zersplitterung der Rechtsgruppen zurückzuführen ist.

Versuche, eine faschistische Massenpartei zu gründen und zu erhalten, sind bisher völlig gescheitert. Die Nazivergangenheit wurde in der Bundesrepublik und in Österreich vom Wirtschaftswunder schlicht als bewältigt erachtet und schien daher keiner weiteren Aufmerksamkeit oder Bemühung zu bedürfen. Die Ausführungen von Alexander Mitscherlich[8] über »fehlende Trauerarbeit« ist das wohl bekannteste Werk zu dieser Problematik.

Lange Zeit konnte in Mitteleuropa die völlige und in gewissem Sinne durchaus realistisch vorrangige Beschäftigung mit dem Wiederaufbau, der alle Energien beanspruchte, scheinbar zum Verschwinden des Rechtsextremismus führen; man mußte sich mit ihm kaum auseinandersetzen, da das sakralisierte Wirtschaftswunder, zum spirituellen Erlebnis der Wiedergeburt hochstilisiert, andere Ideologien ersetzte. Außerdem hatte in dieser Phase jedermann seinen Platz, seine Funktion, seine Nische, seinen Wert, er wurde gebraucht und hatte das Gefühl, gebraucht zu werden, und konnte hierdurch auf zweckrationale und scheinbar kreative und befriedigende Art sein Selbstwertgefühl erlangen und stärken.

Der Protest gegen die neuen Rechtsideologien, die sich als Ablehnung aller Ideologie verstanden und darstellten, wurde entweder totgeschwiegen und bagatellisiert oder in der radikalen Kritik von links sowie in den sehr gelegentlichen und unbedeutenden gewaltförmigen Manifestationen von rechts als Spinnerei psychiatrisch-pejorativ abgetan.

Die von der Vorstellung automatischen, »natürlichen« Fortschritts besessene Wachstumsideologie paarte nationalistische Werte mit Widerstand gegen die östlich-totalitären Systeme. Die rechtstotalitären Systeme wurden zwar, vor allem soweit sie der Vergangenheit angehörten, verurteilt und rhetorisch verdammt, aber ganz anders bewertet. Da Abweichung nach rechts nur als Übertreibung und eventuelle Entgleisung des »gesunden Menschenverstandes« erschien (der seinerseits selbstverständlich von bestehenden Verhältnissen und Vorurteilen geprägt ist), konnte, sowohl vor wie nach der Machtergreifung des Faschismus in Italien und des Nationalsozialismus in Deutschland, der Rechtsradikalismus sich als grundsätzlich staats- und werterhaltend gebärden und seine Gefährlichkeit für demokratische Lebensformen erfolgreich verleugnen. (Dollfuß: »Der Kampf gegen rechts ist uns aufgezwungen, der Kampf gegen links Herzenssache.«)

Die Fortführung jener Logik überhöhte die wirtschaftlichen Errungenschaften zu ideologieersetzenden, ökonomisch-kulturell-sozialen Großtaten mit sakralem Bestätigungscharakter. Schon im Terminus »Wunder« wird das deutlich, der auf übernatürliche Kräfte hinweist. Die neue Bedrohung wurde allgemein lediglich als von links ausgehend empfunden, wobei dieser Linksbegriff sehr vage definiert erschien, weil in ihm alles, was das gegenwärtige gesellschaftliche und ökonomische System in Frage stellen könnte, zusammengefaßt war. Vielfach wurde diese Bedrohung als Resultat konspirativer Organisationserfolge kommunistischer Staaten und Gruppen oder als Folge der Beihilfe naiver, nützlicher Idioten aus allen Teilen der Welt gesehen.

Die neuen linken Terroristen und die angeblichen Sympathisanten der linkstotalitären Systeme stellten ein erstklassiges Feindbild bei. Der Kampf gegen sie wurde vor allem auch mit wirtschaftlichen und moralischen Argumenten und unter vollem Einsatz der Staatsgewalt ausgetragen. Ständige Siegesmeldungen und die Betonung staatlicher Überlegenheit trugen dazu bei, alle Abweichler, die, unbeschadet ihrer politischen oder unpolitischen Haltungen, in vagem Emotionalismus der Linken zugeteilt wurden, als chaotisch, irrational und verrückt zu denunzieren. Ebenso konnten die jugendlichen Bewegungen, Alternativkulturen, die Drogenszene, Musikkulturen usw. pejorativ herablassend als Jugendsünden und passagere Phänomene gedeutet werden, da die traditionellen politischen Parteien des Westens nicht derart strukturiert sind, um die in diesen Subkulturen ausgedrückten Bedürfnisse zu thematisieren. Vergessen oder verdrängt wird die historische Tatsache, daß der frühe italienische Faschismus starke Impulse und entscheidende stilbildende Elemente von der damaligen radikalen Jugendbewegung, dem Futurismus, empfing und ausdrückte.

Der anarchistische Protest gegen alle Institutionen und jede Form von Macht kann von den bestehenden Mächten mühelos zur Massenmobilisierung verwendet und zum Herrschaftsinstrument einer politischen Elite über diese Massen umfunktioniert werden. Die apolitische oder unpolitische Erscheinungsform von Alternativkulturen mit ihrer Hinwendung zum direkten Aktionismus konnte dereinst und kann heute eine Verstärkung des rechtsextremen Potentials bewirken. Jedenfalls ist eine grundsätzliche Neubestimmung dessen, was Faschismus und Antifaschismus heute heißen kann, notwendig.

Vor allem ist zu betonen, daß die historischen Erlebnisse des Faschismus in Mitteleuropa zwar vielleicht einen gewissen Immunisierungseffekt auf die altgewohnten und daher leicht erkennbaren Äußerungsformen des Faschismus ausgeübt haben, aber eben nicht gegen jene Tendenzen wirksam wurden,

25

die in neuer Erscheinungsform, Aufmachung oder Verkleidung weitgehend unerkannt und mißverstanden sich entwickeln, ausbreiten und einschleichen. Doch gibt es gewisse kontinuierliche Gemeinsamkeiten, die sich gerade im Wandel der Bedeutungen einzelner und allgemeiner Manifestationen (besonders von Gewalt) als deutlich faschistisch erweisen.

Das vielfach verborgene rechtsextreme Verhaltenspotential manifestierte sich in den zwei letzten Jahrzehnten teilweise in organisierten Kleingruppen, teilweise ist es auch noch nicht organisiert. Die »Republikaner« sind eine der wenigen rechtsextremen Gruppen, die sich zur Partei entwickelt haben. Mitunter sind sich sogar die potentiellen Vertreter dieser Verhaltensweisen ihrer rechtsextremen Tendenzen gar nicht bewußt. In vielen Kombinationen von altem und neuem Faschismus wird die Tradition der Ewiggestrigen sowohl verdrängt wie teilweise weitergeführt.

Zwischen ideologischer Programmatik und den tatsächlichen Verkehrsformen, die Bedürfnisse nach Kameradschaft, Geborgenheit, hierarchischen Gruppenstrukturen, sinnvollen Freizeitbeschäftigungen erfüllen (ernstgenommene Lagerromantik, Waffenspielereien usw.), ist zu unterscheiden. Zwar gilt weiter der Primat der Form über den Inhalt, doch die Vorstellung von der inhaltlichen Irrelevanz rechtsextremer Texte ist überlebt. Diese zeigen in werberhetorisch wirksamer und satirischer Gestaltung eine scheinbar unpolitische, über den Parteien stehende Zielsetzung und Zurschaustellung opposi-

26

tioneller Einstellungen und Gruppenidentitäten, die daher sehr wohl alle möglichen Inhalte in sich vereinigen können (z. B. Militanz, Ökologie, Terrorismus usw.).

Auf der Mikroebene sind Einstellungen und Haltungen zu finden, die Massenmobilisierung, Totaleinsatz usw. begünstigen, wobei sicher die traditionellen Haltungen einschließlich der historischen Formen des alten Faschismus, wie dynamische Faschisierungsmöglichkeiten, eine bedeutende Rolle spielen. Die Betonung von »Ich-Schwäche« und »psychischer Fehlentwicklung« der Rechtsextremen scheint mir weder spezifisch noch besonders charakteristisch, worüber in den Abschnitten über das »Ich im Dienste der Regression« mehr zu sagen sein wird. Mir kommt es vor allem darauf an, Faschismus als Gefährdungstatbestand festzustellen und auf dieser Grundlage mögliche Vorbeugungs- und Bekämpfungsstrategien anzureißen.

Jedenfalls ist es wichtig, darauf hinzuweisen, daß es (unter dem verständlichen Druck unbewältigter starker Emotionen) wissenschaftlich unverantwortlich und politisch katastrophal wäre, zur Vermeidung von Verharmlosung und Verniedlichung der Faschismusgefahr ins umgekehrte Extrem zu verfallen und etwa gegenwärtige soziale Strukturen und Verhaltensweisen von Gruppen und Individuen in der Demokratie schlicht mit Faschismus gleichzusetzen; es gilt doch gerade, diese Gefahr abzuwehren, was niemals gelingen kann, wenn Faschismus bereits als erfolgreich durchgesetzt oder unabwendbar erachtet wird. Wir müssen sowohl hysterische Übertreibung wie Verharmlosung, Dementitaktiken wie Stigmatisierung vermeiden, indem wir keine Verwechslung zulassen zwischen gewissen Tendenzen und den in der möglichen Verlängerungslinie dieser Tendenzen liegenden Endzuständen.

Es ist schwierig, einen »Faschismus«-Begriff zu entwickeln, ohne ihn nur an den historischen, zur Herrschaft gelangten geschichtlichen Staatsformen festzumachen oder andererseits die Kontinuität und letztliche Identität faschistischer Strömungen durch ungebührliche Verselbständigung von Merkmalen begrifflich und politisch vorzutäuschen. Das wird schon durch die häufige Verwendung von qualifizierenden Eigenschaftswörtern, substantivierten Wortkombinationen und Vorsilben ausgedrückt. Diese Formulierungen wollen zwar qualifizieren und einschränken, aber auf die assoziative Verbindung mit Faschismus, aus guten oder weniger guten Gründen, nicht verzichten. Dazu gehören auch die Beschreibung vorgeblich faschismusähnlicher Tendenzen als faschistoid und die Begriffe prä-, proto-, kryptofaschistisch, angepaßter, exportierter, struktureller Faschismus sowie Linksfaschismus, Staatsfaschismus usw. Durch die Hinzufügung qualifizierender Vorsilben oder Adjektiva wird allerdings das Bemühen um Darstellung kontinuierlicher Zusammenhänge gegenwärtiger wie zukünftiger Gefahren durch Kurzschlußlösungen eher vereitelt als gefördert.

Dem stehen zahlreiche Versuche gegenüber, eine

faschistische Grundstruktur, ein Grundmuster des paradigmatischen Faschismus oder eindeutige Minimalkriterien des Faschismus herauszuarbeiten, die, nicht mechanisch aneinandergereiht, sondern miteinander verbunden und aufeinander bezogen, jenes Wesen ausmachen, ohne das die begriffliche Bezeichnung »Faschismus« unzutreffend wäre.

Sowohl die Einseitigkeiten historischer Forschung, die oft Alibifunktion erfüllen, als auch die kontinuitätsfixierte Darstellung der Ideologeme muß vermieden und ein moderner Begriff des Faschismus-Syndroms auf der Höhe des gegenwärtigen Forschungs- und Erlebnisstandes fixiert werden. Es gilt, diese subjektiven und objektiven Faktoren, die sich gegenseitig ergänzen und begründen, in ihrer wechselseitigen Beeinflussung darzustellen. Diese Methode sollte auch für Früherkennung faschistischer Tendenzen (ohne Verwechslung einer Tendenz mit deren Endresultat) verwendbar sein und dadurch eine Erkenn-, Warn- und Alarmfunktion erfüllen können. Die Einteilung in zehn Kategorien bietet dafür ein Raster, das, da es sich nicht um die Beschreibung einer spezifischen Gruppe handelt, notwendigerweise relativ abstrakt bleiben muß. Nur so können aber die zugrundeliegenden, wesentlichen Strukturen unabhängig von ihren je verschiedenen Ausformungen erkannt werden.

II.
Die zehn Kategorien des Faschismus-Syndroms

Bevor die einzelnen Kategorien inhaltlich vorgestellt werden, soll schon jetzt die sozialpsychologische und individuelle Bedeutung des Überkommens von Apathie und der Überwindung von Lethargie hervorgehoben werden. Sie werden subjektiv als Energisierung und Dramatisierung erlebt und machen einen Großteil des faschistischen Massenappells aus. Mittels eines leicht zu vermittelnden, radikal vereinfachten (oft absichtlich »dummen«), primitiven Weltbildes wird subjektiv wichtige Orientierungs- und Lebenshilfe geleistet.

Die Fugenlosigkeit und Scheinkonsistenz dieser Weltbilder ähnelt nicht nur paranoiden Systemen, vielmehr stellen sie diese in relativ reiner Form dar und produzieren und reproduzieren sie absichtlich eben in dieser paranoiden Form. Durch geradezu paranoide Antihaltungen wird der Verblendungszusammenhang von Gewaltanwendung und Gewaltrechtfertigung hergestellt. Gleichzeitig paart sich diese Form der Rechtfertigung mit der Vereinheitlichung des Feindbildes; Randgruppen werden ausgegrenzt, damit geht einher eine uneingeschränkte Aggressionserlaubnis gegen Angehörige von Außenseitergruppen, deren Sympathisanten werden als Abtrünnige und Verräter eingestuft. Der bekannte Mechanismus von Aggressionskontrolle innerhalb der Gruppe bei gleichzeitiger Aggressionserlaubnis gegenüber den Angehörigen der Gruppe kann unzweideutig immer wieder nachgewiesen werden.

Die Bedeutung von Harmonie und Gleichgewichtsvorstellungen, an denen die unsichtbare Hand des Marktes funktionell ersetzt wird durch den Mythos völkischer Einheit, erweist sich als besonders wichtig, ebenso wie die mythologische Grundstimmung. Auch die sich rational gebende Verwendung irrationaler Konzepte − zum Beispiel die Kreislaufmodelle in Analogie zu organischen, »natürlichen« Entwicklungen, die aber gleichzeitig übernatürliche, »höhere« Wichtigkeit beanspruchen, darf nicht unterschätzt werden.

Unter Hervorhebung theatralischer, dramatischer Effekte wird Gewalt als vorwiegendes oder ausschließliches, »reines« und ehrliches Konfliktlösungsmittel verherrlicht. In der elitären Bewunderung der Stärke, kombiniert mit sadomasochistischen Beherrschungs- und Unterwerfungsmotiven, sind, zweckorientiert verschränkt, sexuelle und ökonomische Motive zu finden.

Die in den nachfolgenden Kategorien beschriebenen Haltungen, Einstellungen und Handlungsmuster sind als solche nicht spezifisch genug, um irgendeine Haltung eindeutig zu beschreiben, und auch einzeln an und für sich keineswegs für Faschismus bezeichnend. (Dies kann nicht oft genug und energisch genug betont werden.) Vielmehr sind dies allgemeine Einstellungen und Handlungsweisen, die in Andeutungen oder voll ausgebildet im gesamtpolitischen Spektrum vorkommen und eine Rolle spielen. Nur eine quantitative Überbetonung einzelner dieser Faktoren bzw. deren charakteristische Verbindung bezeichnet das faschistische Syndrom.

Die zehn Kategorien des Faschismus-Syndroms sind:

- Maximierung von Ungleichheit,
- Recht des Stärkeren,
- Führerprinzip,
- Irrationalität,
- Dauermobilisierung,
- Vereinheitlichung,
- organische Ganzheit,
- Totaleinsatz,
- Gewalt und Terror von oben
  und
- das Uralte und ganz Neue.

1.
Die Maximierung von Ungleichheit

Bestehende tatsächliche oder auch eingebildete Ungleichheiten (völkisch, sprachlich, geschlechtlich etc.) werden als natürliche, unveränderliche, qualitativ und moralisch verschiedene (»besser vs. schlechter«) prinzipielle Unterscheidungen hervorgehoben, übertrieben, verschärft und zu unumstößlichen Wertkategorien überhöht. Diese Auffassungen sind regelmäßig antiegalitär, wiewohl nicht notwendig im Sinne des üblichen Gegenbegriffs elitär.

Die Maximierung von Ungleichheit aufgrund bestehender oder entstehender Machtverhältnisse (durch Aussonderung überhaupt usw.) findet charakteristischerweise nach dem Prinzip statt: »Wo es Starke gibt, immer auf seiten der Stärkeren.«
Durch »Ontologisierung« und »Biologisierung« werden die weitgehend sozial bestimmten Ungleichheiten fixiert, verewigt und vergrößert; d. h., die Verschiedenheiten werden nicht mehr als Ergebnis gesellschaftlicher Verhältnisse oder individuellen Versagens bewertet. Vielmehr werden sie zu existentiellen Merkmalen aufgewertet, die den betreffenden Menschen oder Gruppen gleichsam angeboren, mithin nicht mehr zu verändern sind.
Gerade in letzter Zeit hat diese Maximierung von Ungleichheit beträchtliche emotionelle und auch

»wissenschaftliche« Unterstützung erfahren. Das Wiederaufleben von ungezügeltem Sozialdarwinismus, vorgeblich als Reaktion auf die Verwischung von Unterschieden des Geschlechts, der Bildung, der Fähigkeit, der Leistung usw. (etwa in den neuen religiösen und pseudoreligiösen Bewegungen), vereint sich mit fremdenfeindlicher Zurückweisung von und emotionellem Widerstand gegen wirtschaftlich und sozial schwächere Gruppen wie z. B. Gastarbeiter, Aus- bzw. Übersiedler, Asylanten etc.

Nicht nur beruhen diese leicht in ein Feindbild einzufügenden Vorstellungen auf der Hervorhebung tatsächlicher oder eingebildeter Verschiedenheiten, sondern vor allem auch auf der wie selbstverständlichen Annahme, daß diese Verschiedenheiten allesamt unveränderlich biologisch fixiert und unverrückbar sind. Dies trifft zwar in bezug auf Geschlecht, Hautfarbe, Nationalität usw. durchaus zu, doch kommt es nicht auf die durch Beobachtung leicht festzustellenden biologischen Verschiedenheiten an, sondern darauf, wie diese Differenzen sozial gedeutet und psychologisch empfunden werden. In der Regel wird das andere, das oft durch komplexe Maßnahmen zum anderen ausgesondert wird, als minderwertig, tiefer stehend, dem Tiere ähnlicher und in seiner Andersartigkeit als bedrohlich empfunden und dargestellt.

Diese »anderen« werden entweder wegen ihrer Resistenz gegenüber Integration als Fremdkörper denunziert oder, falls sie sich bereits integriert haben, wegen ihrer Unerkennbarkeit als besondere

Gefahr dargestellt. In jedem Falle sind sie physisch, vor allem aber spirituell und moralisch abstoßend, woraus die Notwendigkeit der aggressiven Selbstverteidigung mit legalen oder mit illegalen Mitteln, die später legal gemacht werden sollen, folgert.

Ebenso kommt diese biologistische Tendenz bei der häufigen Gegenüberstellung von jung und alt zum Vorschein. Alles Junge wird als stark, kräftig, lebendig, rücksichtslos, unbekümmert, dem Gefühl und der Intuition folgend usw. verherrlicht und das Alter als verbraucht, todesnahe, schwächlich, mutlos, vorsichtig und erstarrt dargestellt.

Eine scheinbar wissenschaftliche Rechtfertigung hat der unbeschränkte Sozialdarwinismus, der auf Maximierung von Ungleichheit beruht, auch durch französische Philosophen der Gegenwart, die *Nouveaux Philosophes,* und durch den eingestandenen Rassismus der neuen Soziobiologie amerikanischen Ursprungs erfahren. Einige französische neurechte Ideologen lehnen zwar die Anwendung physischer Gewalt ab, tragen weder Lederstiefel noch Reithosen, noch Uniformen, sind keine reaktionären Nostalgiker des »Blut-und-Boden«-Mythos. Sie empfinden sich jedoch als Theoretiker der Zukunftsgesellschaft, die vom bodenständigen Heroismus Ernst Jüngers, vom Germanenkult Wagners, von der Altruismusfeindlichkeit Friedrich Nietzsches, von der kulturellen Hegemonie des Antonio Gramsci, der Elitentheorie Vilfredo Paretos und von den Thesen über angeborenes Verhalten von Konrad Lorenz borgen.

Die Grundüberzeugung dieser neurechten Ideologen ist der Glaube, daß alle wesentlichen Eigenschaften, Fähigkeiten und Charaktermerkmale des Menschen im Erbgut unwandelbar verankert und genetisch festgelegt sind. (»In der Rasse liegt die Schweinerei.«) Daher sollten alle gesellschaftlichen Führungsfunktionen nach einem soziobiologischen Eignungstest vergeben werden; monotheistische Religionen, die einen egalitären Zug haben, werden als überholt dargestellt; minderwertige Individuen, Gruppen oder Rassen sollen zwangssterilisiert werden, während Menschen mit hochwertigem Erbgut zur Zeugung des Nachwuchses herangezogen werden sollten.

Der Amerikaner Arthur R. Jensen[9], der einen genetisch bedingten Unterschied im Intelligenzquotienten von Weißen und Schwarzen in Amerika feststellte, und Hans J. Eysenck[10], der 90 Prozent allen menschlichen Verhaltens auf feststehende genetische Faktoren zurückführt, beeinflußten viele Theoretiker der »Neuen Rechten«, die unter Berufung auf die Gesetze des Lebens sich als einzige Realisten, als Retter der weißen Rasse usw. ausgeben und die gesellschaftliche Hierarchie gemäß der biologischen einrichten wollen.

Unter den amerikanischen Soziobiologen glaubt vor allem Edward O. Wilson[11], nachgewiesen zu haben, daß die Erbmasse, die Gene, einen eigenen, unbeschränkten und durch die Biologie gerechtfertigten und eben daher nicht weiter zu rechtfertigenden »Egoismus« besäßen, mit dem sie durch die

Individuen hindurch ihre eigenen expansiven Tendenzen und aggressiven Bedürfnisse durchsetzen, die vor allem darin bestehen, sich möglichst weit und rücksichtslos auszubreiten. Das praktische Leben der »Phänotypen« wird zur Manifestation des Kampfes zwischen hoch- und minderwertigen Genbegabungen; soziale Politik solle daher »realistisch« darin bestehen, hochwertiges Erbgut, das sich, gar nicht zufällig, auch in Vermögen, Besitz und höherer sozialer Stellung und Achtung ausdrückt, vor dem Masseneinbruch minderwertigen Erbguts zu schützen und zu bewahren.

2.
Das Recht des Stärkeren

Auf der Grundlage der eben beschriebenen Maximierung von Ungleichheit werden streng hierarchisch gegliederte, meist pyramidenförmige Herrschaftsstrukturen als angeblich natürlicher Ausdruck gegebener Überlegenheit und Unterlegenheit gesellschaftlich organisiert (Sozialdarwinismus); dabei wird das Recht des Stärkeren, Besseren, Reineren (der Führerclique) gegenüber den Ansprüchen der Masse der Geführten betont. (Teilweise aufgrund dieser Vorliebe für die Verstärkung bestehender hierarchischer Strukturen konnte der Faschismus bisher aus kapitalistischen Strukturen hervorgehen bzw. diese stützen und »retten«.)

Die Betonung des Rechtes des Stärkeren wird auf größere physische und psychische, aber sonst nicht weiter bestimmte »Stärke« zurückgeführt − daher die behauptete Überlegenheit des Mannes. Der Mann ist angeblich, wieder aus biologischen Gründen, stark aktiv, eindringend, Samen spendend oder vergeudend, während die Frau, passiv, empfangend, gebärend, vorwiegend mit Unterlegenheitstugenden ausgestattet wird. In den faschistischen Männerphantasien spielte, abgesehen von Überwältigung, Eroberung und Besitzergreifung, die Furcht vor Verströmen, Versiegen, Kraftverlust usw. eine große Rolle. In der Vorstellung führt das unweigerlich zur Angst vor Beherrschung durch andere, besonders durch die tatsächlichen Opfer, die, falls sie nicht vernichtet würden, sich die so entstandene Wehrlosigkeit der Stärkeren zunutze machen könnten.

In ähnlicher Weise wird die Beziehung zwischen Jugend und Alter symbolisiert. Im primitiven Sozialdarwinismus wird durch Kreisschluß als stark und daher lebenstüchtig erkannt, was sich durchsetzt, und umgekehrt: Was sich durchgesetzt hat, erwies damit und durch nichts anderes seine Lebenstüchtigkeit. Daher rührt auch die Überbetonung physischer Fitneß mit dem Hauptgewicht auf alle möglichen Übungen und Rituale, die häufig asketische Züge tragen und auch der Mutprobe und Bewährungsprüfung dienen. Nur wer das aushält, überlebt und ist würdig zu überleben.

Die eigene Gruppe ist wie selbstverständlich im Besitz einer natürlichen Überlegenheit, aus der sich Rechte und Privilegien ergeben. Das Recht des Stärkeren wird auch auf alle Beziehungen ausgedehnt (universalisiert), die offensichtlich und logisch gar keinen unmittelbaren Bezug zur Stärke haben. Die dogmatisch feststehende moralische Berechtigung wird als unmittelbar, aus der natürlichen Seinslage (»So ist es und nicht anders«) abgeleitet.

3.
Das Führerprinzip

Basierend auf der Maximierung von Ungleichheit und der Idee vom Recht des Stärkeren,
wird rücksichtslos (d. h. ohne Rücksicht auf andere menschliche oder sachliche Interessen) ein
unter allen Umständen gültiges Über- und Un-
terordnungsschema durchgesetzt (Führerprinzip); dabei wird das Führercharisma durch
straff organisierte militärische oder paramilitä-
rische Verbände unterstützt. Blinder Gehorsam, unverbrüchliche Treue, eiserne Disziplin
und andere asketische »Unterwerfungstugen-
den« werden zu primären Werten erhoben, die
allerdings für die Führerclique der »Übermen-
schen« nicht notwendig Geltung besitzen. Im
Namen dieser Werte wird die Gesamtgesell-
schaft sowohl diszipliniert, unterdrückt und
verändert wie auch selektiv (z. B. durch Pro-
tektion bestehender Oligarchien) und zuweilen
willkürlich (unter Bezugnahme auf den grundsätzlich unerforschlichen Führerwillen) ge-
schützt.

Während nach wie vor das absolute Führerprinzip
mit all seinen wohlbekannten Ursachen und Folgen
gilt, ist die Zersplitterung der potentiell oder tatsächlich faschistischen Gruppen in unserer Zeit bemerkenswert. Das Führerprinzip auch in seiner

42

extremen Form wird für Kleingruppen angewendet; die vielen Kleinführer können sich jedoch untereinander nicht auf einen Großführer einigen, und ihre Gruppen sind daher weitgehend uneinheitlich, was den irrigen Eindruck vermittelt, daß sie schon deswegen nicht faschistisch sein können.

Die Kleinführer gehen wie Großführer vor, die in ihrem eigenen Machtbereich absolut herrschen. Sie fordern − und erlangen − gleichermaßen blinden Gehorsam (so besonders in Sekten, Kulten usw.). Auch hier werden häufig aller persönlicher Besitz und alles persönliche Einkommen weitgehend oder ganz der Organisation und dem Führer zur Verfügung gestellt. Der mächtige Führer lebt dank der Spenden und der unbezahlten Arbeit der Anhänger meist in ostentativem Wohlstand; ihm werden besondere charismatische, übernatürliche, magische, gottähnliche oder göttliche Kräfte zugeschrieben. Die regelmäßig benützten Methoden sind die der zwangsweisen Umerziehung, die häufig mit terroristischen Drohungen (man denke an die Psychologie der Gehirnwäsche) erreicht wird.

Alle streben ein Machtmonopol an, terrorisieren oder manipulieren Anhänger durch Furchterregung und Einschüchterung, mit besonderen Drohungen gegen Abtrünnige und Verräter. Sie verkehren die Freiheit, die sie meinen, in Tyrannei, die sie anwenden und propagieren.

Ein durchgehendes Kriterium des Faschismus im Unterschied zu autoritären Charakteristika ist die verschiedene Einstellung zu Gewalt und der Grad der Anerkennung der Legitimität von Institutionen.

Sehr wichtig ist der Begriff der relativen Deklassierung bzw. der antizipierten oder gefürchteten Deklassierung in Analogie zur relativen Deprivation. Sie besteht vor allem als Furcht vor Verlust, was natürlich vornehmlich diejenigen betrifft, die etwas besitzen oder zu besitzen glauben und die daher etwas oder mehr zu verlieren haben. Die (klein)bürgerlich gewordenen früheren Proletarier, die jetzt etwas besitzen und daher zu verlieren haben, sind ebenfalls von der Gefahr relativer Deklassierung betroffen, so daß sich die Begeisterung für Führerpersönlichkeiten sehr wohl auf dem Boden der Arbeiterklasse entwickeln kann.

4.
Die Irrationalität

Im angenommenen Gegensatzpaar Verstand–
Gefühl wird dem Gefühl in seiner kollektiven
Form (»gesundes Volksempfinden«) die primä-
re Rolle eingeräumt. Probleme müssen im Sinne vernunftmäßig unkontrollierter und unana-
lysierter Gefühlsregungen »gelöst« werden, die
sich in zur Propaganda geeigneten und manipulierbaren Trivialmythen, dämonischen Erklä-
rungen und schlagwortartig eingängigen Vereinfachungen äußern. Die keineswegs stets von
oben oktroyierte Massenkultur heftet sich an
traditionelle »Werte« und Gegenstände, die
sich zur vereinfachten archaisierenden Darstellung und Identifizierung eignen.

Die sozusagen klassische Rationalismus-Irrationalis-
mus-Debatte, die immer wieder im Faschismus entscheidende irrationale Elemente auffinden konnte,
ist aus drei Gründen zunehmend irrelevant geworden:

a) Rationalität, die sich positivistisch (oder tech-
nologisch) als rein zweckrational auffaßt, überläßt
kampflos die Fragen substantiver Vernunft dem
»Gefühl«, dem Zufall, jedenfalls dem Dezisionismus und daher auch dem Irrationalismus.

b) Die Resultate der sogenannten rationalen Politik haben derart viele und schwerwiegende irratio-

45

nale, beabsichtigte oder unbeabsichtigte Nebenwirkungen gezeitigt, daß wegen der irrationalen Resultate angeblich rationaler Maßnahmen die Unterscheidung rational—irrational verwischt ist.

c) Wegen des Appells an irrationale Kräfte versuchen die rationalen Autoritäten häufig auch ganz gezielt, irrationale Elemente in ihr rationales Repertoire einzubauen, um eine ähnliche Massenfaszination herbeiführen zu können. Dies beraubt den Vorwurf der Irrationalität jeder polemischen Spitze (siehe hierzu den Abschnitt »Das Ich im Dienste der Regression«).

Bewußt oder unbewußt irrationale faschistische Ideologeme zeichnen sich, wie in der Literatur wiederholt beschrieben, durch reale Objektlosigkeit aus, wobei allerdings der subjektive Irrationalismus durchaus relevant auf einen ihm zugrundeliegenden objektiven Tatbestand (und Funktionsweise) bezogen sein kann.

So verdinglicht sich in den gesellschaftlichen Reproduktionsverhältnissen eine Objektivität, die in den einzelnen Handlungen der Individuen sowie in deren psychischer Struktur manifest und greifbar wird. Die allgemeinen Bedingungen der militanten Massensubjektivität, die gerade als Resultat weitgehender »Objektivierung« zustande kommt, sind die allgemeinen Bedingungen faschistischer Subjektivität, deren besondere Grundlagen in gesellschaftlichen Krisen der sie begleitenden Integrationserscheinungen zu suchen sind.

Dezisionismus ist im Liberalismus vorgeprägt und in der pluralistischen Demokratie aufgrund der Toleranzforderung verwirklicht. Eine lediglich zweckrational definierte Rationalität begnügt sich damit, die Angemessenheit von Mitteln zu einem bestimmten Zweck logisch und wissenschaftlich, d. h. rational, zu prüfen, aber diesen Zweck selbst dem eigenen Willen des Individuums (dezisionistisch), der Willkür oder dem Zufall zu überlassen.

Daher nehmen auch alle Entscheidungen, die mit wahrer Macht zu tun haben, Willkürcharakter an und werden als letztlich rational unüberprüfbar und (im engen Sinn des Wortes) gleichwertig erachtet. Das Mittel-Zweck-Verhältnis (d. h. das Mittel dem Zweck untergeordnet) kehrt sich um (das Mittel wird zum Zweck), da auch die Wissenschaft das Mittel zum Selbstzweck erklärt und darüber hinaus keine echte Rationalität konzediert.

Ebendiese scheinbare Wertneutralität ermutigt symbolische Manipulation auf allen Ebenen. Damit entsteht gleichzeitig das Gefühl der Ohnmacht der Vernunft, der Brüchigkeit, Irrelevanz oder Nichtexistenz von Werten (z. B. »Wertzerfall«, »Sinnkrise« usw.), für welche die neuen irrationalen Gefühlswerte als Heilmittel angepriesen werden. Je irrationaler oder inkonsequenter die Resultate der offiziellen Politik werden, desto mehr gewinnt der absichtlich betriebene, zur Schau gestellte und sozusagen unverschämte Irrationalismus der Ansichten und Handlungen von Protestgruppen an rationalem Schein.

In einer verrückten Welt erlangen verrückte Ansichten und Handlungen die Kraft des Normativen, um so mehr, als die verschiedenen gewalttätigen Handlungsschemata sich im nachhinein durch Erfolg (zumindest Propagandaerfolg) bestätigt sehen. Wenn überhaupt keine vernünftigen Alternativen, die auch erfolgversprechend sind, angeboten werden können, ist gewalttätige Explosion teils zur Entlastung und Entladung oder zur Aufmerksamkeitserregung die normale Reaktionsweise, die immer mehr Anhänger gewinnt.

Die Hoffart und Arroganz der Irrationalität, die sich ganz offen als solche ausgibt und ungeniert herumstolziert, nährt sich von der Krise des Vernunftbegriffs. Die Vernunft ist desavouiert durch Vernachlässigung entscheidender, ganzheitlicher Kategorien. Im Namen von irrationalen Ganzheiten radikalisiert sich die Gruppe. Gleichzeitig mit der Herstellung des sturen Feind-Freund-Schemas wird die Binnensolidarität und Kameradschaft gestiftet und gefestigt.

Die gegen Komplexität gerichtete Irrationalität hat ihre konstruktiven Aspekte und dient der Kanalisierung aggressiver Tendenzen, der Empörungshilfe und damit der Ablenkung von den sogenannten wirklichen Problemen. Diese Problementeignung findet mittels der »Idiotie der großen und kleinen Gruppe« statt, wobei das Gefühl der eigenen Verunsicherung durch gewalttätige Aussonderung von Schwachen, Kriminellen, Verrätern und anderen Randgruppen bewerkstelligt wird.

Führer- und sonstiger Personalkult haben ebenfalls Ablenkungs- und Entlastungsfunktionen, die wechselseitig wirken. Entweder werden trotz schwacher oder korrupter Führer die Institutionen (welche die »Idee« verkörpern) als gut gewertet oder umgekehrt die Institutionen als schlecht, aber die Führerpersönlichkeiten als vertrauenswürdig, da der Führer durch direkten Zugang zur höchsten Autorität (Gott, Geschichte, Volkswille usw.) und Ausschaltung des bürokratischen Apparats ein besonderes Charisma ausstrahlt.

5.
Die Dauermobilisierung

Unter Anwendung häufig oft überraschend deklarierter Notstandssituationen wird das terroristisch erzeugte Unsicherheitsgefühl zur scheinbaren Dynamisierung der mythologisch instruierten Massen als gesellschaftliches Organisierungsprinzip in Permanenz verwendet. Nach Belieben der Führungsclique kann die Dauermobilisierung jeweils »spontane« Massenkundgebungen, Ausschaltung unerwünschter Personen und Institutionen, vor allem jedoch auch die Beibehaltung traditioneller, besonders ökonomischer Organisationsformen (aufrechterhaltene Statik, kaschiert als revolutionäre Dynamik) ermöglichen.

Der Faschisierungsprozeß findet nicht nur hinter dem Rücken der Menschen statt, sondern gewissermaßen durch sie hindurch. Sie werden sozusagen benützt und notwendigerweise ausgenützt, da gewisse energetische Bedürfnisse sowohl erweckt wie dann auch gleich befriedigt werden.

Zweifellos findet durch ständige Mobilisierung eine Dynamisierung und erfolgreiche Bekämpfung der Apathie statt. An die Stelle von Lethargie tritt ständige Bewegung um ihrer selbst willen, die sich daher anders kaum mehr zu rechtfertigen braucht, durch rhythmische Einfachheit besonders eindringlich ist und zur Identifikation mit der Bewegung als solcher einlädt.

Mit Anwendung massenpsychologisch wirksamer Mittel wird der vage und diffuse Protest gegen eine verbaute, sozusagen verstopfte Wirklichkeit, in der »nichts mehr geht«, organisiert (Schlagwort: »blockierte Gesellschaft« oder »Packeis, das aufgebrochen oder zum Schmelzen gebracht werden muß«). Charakteristischerweise spielen hier die Symbole des Aufbruchs, der Erhitzung und Befreiung eine große Rolle.

Die globale Kampfansage gegen das Überwuchern rein utilitaristischer Gesichtspunkte, z. B. der immer wieder behaupteten oder vorgeschobenen Sachzwänge, erlaubt eine irrationale Mobilisierung. Wenigstens zu Beginn ist, gemäß einiger Theorien, der Widerstand gegen die Sachzwänge, die angeblich von den Sachen ausgehen, auch nur gegen Sachen gerichtet, geht aber sehr bald in Gewalt gegen Menschen über. Die anonymen Schwierigkeiten werden personalisiert und können dann erst als solche emotionalisiert und zur politischen Handlungsmotivation werden.

Hier spielt gewiß auch die einigermaßen masochistische Befriedigung des ausführlichen Ausmalens von Katastrophenprophezeiungen und Endzeitstimmungen eine Rolle (wobei der Gegensatz zwischen Realität und Fiktion irrelevant ist). Die angeblich unvermeidlich bevorstehende Katastrophe wird so als eine Art Bestrafung für den gnostischen Übermut des Menschen dargestellt, der aufgrund seiner intellektuellen Kräfte alles für machbar hielt, während die tatsächliche Entwicklung scheinbar evident, mehr durch unvorhergesehenen Zufall und durch das leichtfertige Umgehen mit verselbständigten Apparaten charakterisiert ist. Damit kann global alles Bestehende als solches abgewertet werden, so daß dann das ganz Neue und ganz Alte (siehe Punkt 10) als einzige wirksame Gegenpolitik erscheinen mag.

In realen Krisensituationen, die aber teilweise oder gänzlich auch durch Katastrophenpropaganda hervorgerufen werden können, ist die Möglichkeit (Chance oder Gefahr) der Dynamisierung besonders naheliegend. Die bestehenden Institutionen und die agierenden (oder nicht ausreichend agierenden, zu passiven) entscheidenden Persönlichkeiten können als statisch, verbraucht, alt, abgenützt usw. dargestellt werden — und sind es häufig auch.

Das Beispiel von Dynamisierung in anderen Ländern und diversen verschiedenartigen Parolen spielt ebenfalls eine bedeutsame Rolle. Denn es scheint sich zu erweisen, daß das In-Bewegung-Setzen von Massen, verbunden mit der Erlaubnis zur emotionalen Katharsis, soziale Probleme zwar nicht löst, sie aber zeitweise überdeckt. Die Konzentration auf ein jeweiliges Feindbild erfüllt zumindest eine Ventilfunktion und liefert symbolische Substitute für »echte« Befriedigungen. Je erfolgloser sich die Anwendung der Prinzipien der gewöhnlichen »rationalen« Politik erweisen, desto durchschlagkräftiger wird die »Mythologie des dummen Kerls«.

6.
Die Vereinheitlichung

Völlige Einigkeit und Einheit der Volksgemeinschaft bis zur gleichgeschalteten Uniformität ist
gleichzeitig Grundlage wie unabdingbares Ziel
aller politischen Aktivität, denen alle Erwägungen (auch ökonomische) zumindest scheinbar
untergeordnet sind. Gleichzeitig mit der Herstellung fugenloser Einheit der Volksgemeinschaft (mit einem einzigen gemeinsamen Willen
unter Preisgabe individueller Entscheidungsfreiheit) wird auch das stark negativ besetzte,
mit dramatisch abstoßenden Zügen ausgestatte-
te Feindbild vereinheitlicht. Es ist immer ein
und derselbe Feind, der hier überall in verschiedenen Verkleidungen das als ewiges Opfer
stilisierte Volksganze tödlich bedroht. Erst
nach Entlarvung und Vernichtung des ewigen
Todfeindes kann das chiliastische Versprechen
ewiger (tausendjähriger) Herrenmenschenhege-
monie eingelöst werden.

Die Mechanismen und Manöver der Vereinheitlichung, die zur gewünschten Einheit führen sollen
(die allerdings gleichzeitig als schon immer beste-
hend, als *Apriori* postuliert wird), finden durch
gewaltsam durchgesetzte Projektion statt, die ein
geschlossenes, paranoides Weltbild schafft, in dem
alles mit jedem verbunden auf Volk, Führer, Rasse

53

und andere biologistische Grundwerte bezogen wird.

Der Vereinheitlichung der eigenen Gruppe entspricht eine radikale Vereinheitlichung des Feindbildes. Zur Erläuterung muß man auf die sakral-mystische Vorstellung einer ursprünglichen Vereinigung zurückgreifen, der die Idee und das Ideal der Einheit, die durch einheitlichen Willen und einheitliche Führung charakterisiert ist, zugrunde liegt. Dies läßt sich in traditionellen theologischen Vorstellungen verfolgen (der Mensch getrennt und abgespalten von Gott und daher vereinsamt, entfremdet und ausgestoßen); es kehrt in der platonischen Phantasie der Teile, die einander suchen, um zum ursprünglichen Ganzen zusammenzuschmelzen, wieder und spielt auch in der von der Psychoanalyse ausführlich behandelten Idee der primären Mutter-Kind-Einheit eine entscheidende Rolle. In all diesen Vorstellungen erscheint Individuation als Entfremdung, Vereinzelung, Abfall, Fluch, Verurteilung.

Spaltung ist die spezifisch menschliche Pathologie oder das eigentümliche Menschenschicksal – und Heilung ist die Wiedergutmachung, d. h. das Rückgängigmachen der Spaltungserscheinungen, die Wiedervereinigung und Rückkehr in das Ganze. Die Psychoanalyse faßt diese Einheitsidee häufig als tröstende Illusion, aber zuweilen auch als triebgebundene Entwicklungsrichtung auf, die subjektiv als Sehnsucht und quasi als Erinnerung an ein »Goldenes Zeitalter« gedeutet wird. Real wird allerdings diese Wiedervereinigung durch sehr energische und sogar brutale Vereinheitlichung zustande gebracht, der eine ähnlich radikale Vereinheitlichung des Feindbildes zugeordnet ist.

Im Verblendungszusammenhang der konfliktlosen Einheit wird alles Üble und Böse (das vielleicht seinerzeit introjiziert wurde) auf die Außenwelt übertragen, und zwar auf einen einzigen gemeinsamen Feind, der allerdings in den verschiedensten Masken und Verkleidungen erscheint. Psychodynamisch hat dieses Arrangement den Vorteil, alle gegen das Böse gerichteten Abwehrmaßnahmen auf ein einziges Ziel zu konzentrieren. Bewußt oder unbewußt schwingt dabei der Gedanke mit, daß durch die Vernichtung des einen und einzigen Feindes alles Übel in der Welt ein für allemal ausgemerzt ist und daß dann kein Hindernis mehr bestehe für den Wiederbeginn der romantisch verherrlichten »guten alten Zeit«. Der innigen Verflechtung dieser Projektion mit dem daraus resultierenden geschlossenen, paranoiden Weltbild und gleichzeitigen Vernichtungs- und Erlösungsphantasien sollte größte Aufmerksamkeit geschenkt werden.

Die Vereinheitlichung des »eigentlichen« Feindes trotz oder gerade wegen der manifesten Verschiedenheit der Feinderscheinungen (die eben als nur scheinbar aufgefaßt wird) beinhaltet und bewirkt:

a) Die Geschlossenheit des Weltbilds bei vorzeitiger Schließung aufgrund vereinfachter Gut-Böse-Schemata.

b) Die Annahme einer zwar ungreifbaren und unsichtbaren Weltverschwörung mit einem dennoch verdinglichten Zentrum. Die Konspiration ist gegen die eigene Vereinheitlichung (und den »Sieg des Guten«) gerichtet. Diese feindliche Superorganisation wird als um so effektiver angenommen, je weniger sie sichtbar ist, und bietet eine stets verfügbare Erklärungsfigur für die verschiedensten disparaten Ereignisse und Vorgänge, die aber angeblich miteinander geheim verbunden und voneinander abhängig sind.

c) In einem Zirkelschluß ist das derart geformte und geschlossene paranoide Weltsystem gegenüber allen rationalen »Beweisen« hermetisch verschlossen, da gerade die Absurdität der Annahme geheimnisvoller Verbindungen wie die Schwierigkeit des Sichtbarmachens der angenommenen Verschwörung das Raffinement der Konspiration unter Beweis stellt. Das Wissen um diese Verschwörung ist daher nur den wenigen Eingeweihten zugänglich, die aus ihrer elitär-esoterischen Kenntnis die Verpflichtung ableiten, die Massen entsprechend zu lehren, zu lenken und von der »Wahrheit« zu überzeugen. Von dieser Pflicht leitet sich auch die Notwendigkeit und Berechtigung fortwährender intensiver Propagandatätigkeit ab. Da es sich immer um den einen und einzigen, in verschiedenen raffinierten Vermummungen tätigen, ersten (seit Beginn der Zeiten) und letzten Feind handelt, besitzt stets jede Auseinandersetzung mit dem durch und durch bösen Erbfeind den Charakter einer Entscheidungsschlacht und eines Endkampfes, was gleichzeitig wieder radikale Endlösungen rechtfertigt.

Charakteristisch für faschistische Gedankensysteme ist nicht einmal so sehr das geschlossene Weltbild, sondern sind die ständigen Versuche, aufgrund vorzeitiger, d. h. ungeprüfter und unkritischer Schließungen ein solches herzustellen, bzw. das Gefühl, daß, wenn ein solches nicht besteht, etwas Essentielles im Leben fehlt. Daher kann man auch die »hilflos Autoritären«, die hektisch nach dem Weltbild suchen, ohne es bisher gefunden zu haben, und die an diesem Mangel leiden, in eine ähnliche psychologische Kategorie einstufen wie diejenigen, die ein sogenanntes geschlossenes Weltbild mit starrem Feindbildschema bereits entwickelt und verinnerlicht haben. (In diesem Sinne sind die Bewußtseinsbildungen bei Sekten und Kulten besonders aufschlußreich.)

Die Tendenz zur vorzeitigen »irrationalen« Schließung zur Befriedigung eines starken Bedürfnisses, nämlich dem der Angstvermeidung, mag die Erklärung für die Wirksamkeit vieler relativ dummer und primitiver Schemata auch für hochintelligente Leute sein. Denn die oft manipulierte, aber als durchaus spontan erlebte Schließung des Systems (z. B. Erlebnis der Erleuchtung, Wiedergeburt, Inspiration usw.) macht unbeschadet des Inhalts des Weltbilds jedes weitere Theoretisieren, das mit Zweifel und Ungewißheit verbunden ist, und jede Kritik überflüssig.

Derartige Prozesse der Verdummung und absichtlichen, propagandistisch geförderten Herbeiführung der Systemschließungen liefern ohne Ansehen ihrer verschiedenen Inhalte eine vorgeblich perfekte Orientierung, und zumindest täuschen sie daher Lebenshilfe in allen Situationen vor.

Diese Systemschließungen stehen im Dienste verschiedener Bedürfnisse, die für den einzelnen aus dem Spannungsverhältnis, in dem er sich zur Welt befindet, herrühren. Dabei kommt es zu »Lösungen«, welche die Welt in der einen oder anderen Weise gewaltsam uminterpretieren. Diese Schließungen entsprechen den Erfordernissen der Angst- und Unsicherheitsausschaltung durch Reduktion »kognitiver Dissonanzen« (nach Leon Festinger[12]) im Sinne vorgeformter Grundüberzeugungen.

Der Wirklichkeit hält man kognitiv stand durch die Herstellung von Gleichgewichtszuständen auf regressiver Basis. Die darauf beruhenden Handlungsschemata werden im Rückblick durch den Erfolg bestätigt. Die Orientierungshilfe und das Ordnen des Weltbildes reduziert sich auf Zeichenfunktionen und (sozusagen Ausbildung von wegweisenden) Pfeilen, die regelmäßig jeweils in nur eine Richtung deuten, obwohl sich die Richtungen im Laufe der Entwicklung häufig ändern.

Projektion hat die umgekehrte Wirkung wie Mimesis, durch die man sich der Umwelt möglichst gleichmacht. In der Projektion wird die Umwelt sich selbst angeglichen, in der Veräußerlichung wird Eigenes zu Fremdem und erspart hierdurch die innere Auseinandersetzung. In der Identitätsfindung erkennt das instrumentalisierte eigene Selbst sich nur dann wieder, wenn es sich im Kampf gegen das feindliche Fremde befindet. Durch Projektion verschwindet gewissermaßen die Umwelt, deren Kriterien daher nicht mehr gelten, und das jeweils eigene Gefühl wird zum einzigen Kriterium der Wahrheit und Handlungsmotivation erhoben (vgl. dazu die Entlastungsfunktion nach Arnold Gehlen[13]). Die Welt wird zum Inbegriff des auf sie Projizierten, und Herrschaft als solche wird zum Selbstzweck.

Die Verbissenheit des Paranoikers stellt das Gesamtdenken in den Dienst des partikulären Urteils. Die uneingeschränkte Paranoia diffamiert sowohl den Geist wie die Erfahrung, wobei der Gesellschaft oder dem Gespensterkomitee der höheren Macht alle Schuld aufgebürdet wird. Beschränktes Einzelwissen wird zur allgemeinen Wahrheit überhöht, wobei vor allem auch mit Katastrophendrohung und Endzeitstimmung operiert wird.

Angebliche Insiderinformation erscheint als besonders wichtig und »tief« und begründet das Mißtrauen gegenüber allen Erscheinungen der Oberfläche und der täuschenden Erscheinung. Der paranoide »Pfeil« deutet in die Tiefe, in der die Vernunft versickert und verlorengeht. Die Paranoia reproduziert das Verfolgungserlebnis, das seinerseits den Zusammenhalt der In-Gruppe verstärkt und die Ohnmacht des Erklärungsmangels behebt. Außerdem lassen sich die sich verfolgt Wähnenden Verfolgung gefallen, wenn sie an der Verfolgung anderer teilnehmen dürfen. Zur Paranoia gehört auch die sogenannte Entlarvung der Geschichtslügen, die als um so widerlegter gelten, je mehr, je besser sie belegt sind.

Die Fugenlosigkeit und Scheinkonsistenz, die besonders in paranoiden Systemen groß ist, entsteht nicht automatisch, sondern wird hergestellt aufgrund komplexer Vereinfachungs- und Verdrängungsmechanismen, wobei als Wiederkehr des Verdrängten ehemalige vorkapitalistische, idyllische und romantisierte Inhalte als Zielvorstellungen auftauchen und unter Umständen symbolisch überhöht werden. Das sogenannte Weltbild ist zumindest in dieser Form existent, wenn es auch programmatisch ein Sammelsurium darstellen mag, das widersprüchlich ist, was allerdings unter diesen Umständen nichts ausmacht.

7.
Die organische Ganzheit

Im Analogieschluß wird das Volk (die Nation, der Staat) als unveränderliche, übergeordnete, natürlich gewachsene, organische Ganzheit, als Makroorganismus dargestellt. Diese Ganzheit ist höher, edler und in jeder Hinsicht »legitimierter« als die Teile (Individuen, Institutionen), aus denen sie besteht. Der Totalität des Ganzen, der blutbedingten, verwurzelten, bodenständigen Gemeinschaft, die allgemein durch den Führerwillen ausgedrückt wird, kommt eine unwiderstehliche Kraft und höhere Weihe zu, der gegenüber alle anderen Interessen und Erwägungen zurücktreten müssen. Kritik ist Nestbeschmutzung und Hochverrat an der Volksgemeinschaft. Die allgemeine Tendenz ist antiabweichlerisch, antiparlamentarisch, antiindividuell und ahistorisch.

Dem Ganzen wird größere Bedeutung, Würde und Wichtigkeit zugeschrieben als irgendeinem Teil oder der Gesamtheit der Teile (wiewohl klar ersichtlich, durch den Januscharakter jedes Systems, wie Arthur Koestler[14] es nennt, jeder willkürlich gewählten Einheit sowohl der Charakter eines Teils wie der eines Ganzen zugeschrieben werden kann).

Der Überhöhung organischer Ganzheiten sind als Variationen desselben Themas Harmonie- und

61

Gleichgewichtsvorstellungen zugeordnet. Die alles ordnende »unsichtbare Hand des Marktes« wird funktionell substituiert durch einen Mythos der Einheit (des Volkes, der Idee, der Rasse, des Staates, des Führers usw.). Dem liegt die Idee zugrunde, daß trotz gelegentlicher Fehlschläge und Mißerfolge der schließliche Erfolg des Ganzen in wundersamer Weise von vornherein geregelt ist und nach, vielleicht unerkennbaren, Gesetzlichkeiten feststeht.

Die Idee der organischen Einheit unterstützt die geschlossene Weltanschauung (oder liegt ihr zugrunde). Diese gibt einerseits praktische Lebenshilfe für alle Situationen, andererseits vermittelt sie ein Erklärungs- oder zumindest Trostschema für Fehlschläge, die sich im großen Zusammenhang »nach unerschütterlichem Glauben« in Erfolge umfunktionieren werden. In diesem Sinne stellt die Faschisierung auch eine Art psychologischen, sozialen Konstruktions- und Rekonstruktionsversuch dar (siehe auch Punkt 4 und 6).

Auch die Unterschiedlichkeiten zwischen Natürlichem, Gewachsenem, Ewigbestehendem und Gemachtem, Erdachtem, Geplantem werden maximiert (siehe auch Punkt 1 und 2), wobei immer dem Natürlich-Organischen das Recht des Stärkeren zugebilligt wird. In diesem Zusammenhang muß auf die Bedeutung verschiedener Formen von Lebensphilosophie besonders hingewiesen werden, wobei zu betonen ist, daß das, was sich als natürlich ausgibt und unter Umständen auch als solches empfunden wird, ganz besonders der Steuerung und sicher auch der »Pseudoquantifikation« unterliegt. Das scheinbar Ontologische kommt so tatsächlich zu einem »Sein«, z. B. als politisch durchblutete, ahistorische und antiintellektuelle »Lebenswissenschaft«. Durch dieses Manöver wird es eben nicht als Resultat intellektueller oder propagandistischer Prozesse, sondern als deren Grundlage und Voraussetzung anerkannt.

Der Intellekt hat etwas Abgeleitetes, Sekundäres, Überbauartiges, Aufgesetztes, dem die tiefe, emotionelle Sphäre gegenübergestellt wird. Es kommt dabei zu einer Fetischisierung »gewachsener« Organisationen, wobei die gemachten Organisationen immer das Stigma des Menschenwerks, des Willkürlichen, Veränderlichen und Zeitgebundenen tragen. Dabei haben die sogenannten natürlichen oder sich auf Naturrecht berufenden Organisationen nachweislich einen viel zeitgebundeneren Charakter, nur wird dieser nach zeitgemäßen Rechtfertigungsschemata erfolgreich verleugnet.

Wichtig erscheint der Hinweis, daß der Liberalismus in seiner Betonung von Zweckrationalität und Positivismus die wichtigsten und wesentlichsten Gebiete der Zielrationalität absichtlich ausließ und sie dem dezisionistischen Voluntarismus überließ. Diese Möglichkeit wird von faschistischen Strömungen im Sinne von Ganzheitsvorstellungen, vor allem jener der »Volksgemeinschaft«, wahrgenommen und die emotionell schmerzliche Lücke ausgefüllt.

Diese Lücke wird erst offensichtlich beim Zerbröckeln oder Zusammenbrechen autoritärer Werte

63

und Organisationen, die, da sie von früher und oben zu stammen scheinen, Ewigkeitscharakter haben und schon immer da waren. Eben in diesem Augenblick rufen die Konservativen nach Wiederherstellung der alten Autoritäten, und die Faschisten bauen neue radikale Autoritäten mit einigen Tributen an die alten, aber mit neuen technologischen Effekten und Ornamenten auf (siehe Punkt 10).

Zusammen mit Gleichgewichts- und Harmonievorstellungen, die als »prästabilisierte Harmonien« biologistischen Charakter annehmen, spielen auch lebensphilosophisch angehauchte zyklische Welttheorien (z. B. Oswald Spengler[15]), die mit Analogieschlüssen zwischen Makro- und Mikroorganismen arbeiten, eine beträchtliche Rolle. Die oft zyklisch oder rhythmisch gesehene Unvermeidlichkeit der kulturellen Entwicklung bedarf ebensowenig wie die als Lebensprinzip des Kampfes postulierte Gewalt weiterer Rechtfertigung und ist lediglich Ausdruck und Zeichen überlegener Stärke.

In gewissem Sinne ist überhaupt alles, was sich intellektuell rechtfertigen muß, schon dadurch schwach, denn das Starke (das auch Leidenschaftlichkeit, Phantasie und Mythos sein kann) ist über alle intellektuellen Spekulationen erhaben und dokumentiert hierdurch seine Natürlichkeit und organische Überlegenheit. Besonders bei dem in Krisensituationen oft entstehenden pluralistischen Wertepatt nimmt das große Sein, wie immer definiert, den höchsten Wert ein und rechtfertigt als das große Ganze alle Aktivitäten der Teile.

8.
Der Totaleinsatz

Die Gesamtpersönlichkeit wird mit totaler Politisierung »in die Pflicht genommen« und jede andere Loyalität (Familie, Religion, individuelles Gewissen usw.) ausgeschaltet. Alle, auch verbrecherische Mittel werden im Dienste der vernunftmäßig undefinierbaren Überlebensprobleme des Volksganzen gerechtfertigt (»Recht ist, was dem deutschen Volk nützt«). Härte, Unduldsamkeit, Rücksichtslosigkeit werden zu Tugenden des deutlich sadomasochistischen »neuen Menschen«, der unter der Maske totalen Idealismus fanatisch und nihilistisch extreme »Endlösungen« begünstigt und diese möglichst rasch herbeiführen will.

Parallel zu den verschiedenen Harmonie- und Einheitsvorstellungen entsteht die Forderung des notwendigen Einsatzes der Gesamtpersönlichkeit in politischen Aktivitäten. Das totale Engagement des ganzen Menschen, der mehr ist als die Summe seiner Teile (vor allem deswegen, weil er als Ganzes auch wieder Teil des größeren Volksganzen ist), bewirkt die phantasierte Harmonie, die eben in der prästabilisierten Hegemonie des Stärkeren besteht. Ewiger Kampf ist die Essenz des Lebens. Interessanterweise wird die allgemeine Harmonie eben durch den ständigen Kampf um Vorherrschaft hergestellt, ja dieser Kampf ist bereits die Harmonie, die schon deshalb permanent »herrschen« muß, um im symbolischen Belagerungszustand den Verlust der Eigenintegration zu verhindern.

Totaler Einsatz zu allen Zeiten, auch als Forderung, deren Erfüllung zugleich für Zwecke der Manipulation und Administration nützlich ist, eliminiert die Privatsphäre und die Eigenständigkeit (und Berechtigung) des individuellen Lebens. Das Geheimnis ist vom Privaten auf die öffentliche Sphäre verlagert, deren Wirklichkeit nur mit der Hilfe eines geheimen Schlüssels, nämlich des jeweiligen einfachen Erklärungsschemas, dechiffriert werden kann.

Hier tritt eine bisher wenig beachtete Ambivalenz zutage: Zwar wird einerseits der Verlust der privaten Sphäre von manchen vorerst als unerträglich empfunden, jedoch vom Fanatiker als Opfer willig erbracht. Für die meisten hingegen ist der »Verlust des Privatlebens«, d. h. auch die nicht mehr nötige Eigengestaltung dieses Privatlebens, mehr eine Lockung als eine Drohung. So beschreibt z. B. Paul Lazarsfeld[16] die Tatsache, daß die Großtat Hitlers nicht — wie allgemein angenommen — die Behebung der Arbeitslosigkeit war, sondern die den Leuten eine strikte Zeiteinteilung gegeben zu haben.

Durch die Dynamisierung und Mobilisierung geschieht ununterbrochen etwas, das aber außerhalb der Bestimmungs- und Verantwortungsautorität des einzelnen liegt. So kaschiert sich tatsächliche Passivität als ständige Bewegung und Aktivität, bei der

66

man das Risiko und die Gefahr spürt, was überleitet zur Drapierung der Ohnmacht als Allmacht und zum Etikettenschwindel, der völligen Gehorsam als Ausdruck freien Willens und eigener Kreativität ausgibt.

Nur scheinbar widersprüchlich verbirgt sich hinter der ständigen Aktivität ein konservativ beharrendes Moment und hinter dem Sich-selbst-Finden in der Gruppe das ekstatisch begrüßte Verlöschen des eigenen Ich. Die gelungene Selbstverstümmelung, die gerade das aktive und aktionsfähige Selbst aus der Person eliminiert, wird selbstverständlich von den Bekehrungsenthusiasten als höchster Triumph jener Persönlichkeit gefeiert, die sich soeben selbst vernichtet hat.

Im bekannten Etikettentausch wird das innere Absterben von starken Gefühlen und eigenständigen Gedanken als Wiedergeburt und als Leben auf einer höheren Stufe ausgegeben. Betont werden Kriegertugenden, besonders aber auch Begriffe wie Rassenstolz, Seelenadel usw. Man ist stolz auf das, was man als Gesamtpersönlichkeit ist, nicht auf das, was man macht, wobei allerdings das aristokratische Element der eigenen Auserwähltheit zurücktritt gegenüber dem perfekten Ausdruck des Volksganzen (der Teil, in dem sich das Ganze am repräsentativsten widerspiegelt und ausdrückt).

9.
Die Gewalt und der Terror von oben

Propagandistisch verherrlichte Gewalt wird als bestes, ja einzig brauchbares, mutiges und männlich ehrliches Mittel zur »Konfliktbereinigung« angepriesen. Gewalt wird sowohl in spektakulär dramatisierten Sonderfällen (Notstand, Krieg usw.) vorzugsweise eingesetzt wie auch im straff organisierten Alltagsterror von oben als routinemäßige Herrschaftsstrategie verwendet. Mittels Etikettenschwindels rechtfertigen vermeintliche Attacken der Feinde alle eigene Aggression als Verteidigungsmaßnahme ebenso wie präventiv defensive Aggression zur Verhinderung der Aggression des Gegners.

In meinen Büchern über Aggression habe ich detailliert ausgeführt, wie die Ausnahmen des Gewalttabus (in der Kindheit oder in frühen Zeiten) späterhin regelmäßig zu Gewaltanweisungen, zu den Bedingungen und Regeln von Gewaltausübung werden.

Gewalt, im allgemeinen durch zivilisatorischen Fortschritt tabuiert, wurde ursprünglich nur dann legitimiert, wenn sie zu Erziehungszwecken, zur Selbstverteidigung oder im Dienste einer höheren Sache angewendet wurde; die Internalisierung dieser »Ausnahmen« bewirkt späterhin, daß jede Aggression entweder als erzieherisch, als verteidigend

68

oder als einer höheren Sache dienend rationalisiert und als solche legitimiert wird.

In den ersten gewalttätigen Belehrungen zur Gewaltlosigkeit ist bereits der Tribut der Aggression an die Friedfertigkeit rhetorisch entrichtet. Diese wird gepredigt und gelehrt, nicht obwohl, sondern damit jene ausgeübt werden kann. Der Deckmantel wird zur Bedingung. Erst durch ihre Rechtfertigung wird die Gewalt der Macht verläßlich zur Macht der Gewalt, zur Machtordnung und zur Ordnungsmacht.

In den vertikalen Rangverhältnissen von oben und unten, von höher und tiefer, von Befehl und Gehorsam ist das Universalschema von Ordnung vorgebildet und als ewiges Modell der Regelung zwischenmenschlicher Beziehungen vorgestellt. Die hierarchische Schichtung von Werten und Personen nach den ihnen gebührenden Stellen gilt nicht als irgendein System, sondern als das System der Systeme, als natürliches Prinzip schlechthin.

Hierarchie bedeutete ursprünglich heilige und geheiligte Herrschaft, bestimmt durch ihre Beziehung zu sakraler Verantwortlichkeit, nicht zu profaner Nützlichkeit. Noch jede Ordnung hat sich auf diese höheren Weihen berufen, sie gilt als Grundnorm, die auf alle aus ihr hervorgehenden niederen Normen ihren heiligen Schein wirft; sie ist immer von Gottes Gnaden oder von Gnaden des rechtfertigenden Volkes, der Familie, der Sitte, der Geschichte, der Natur.

Aus der geheiligten Unterordnung entsteht durch Verordnung die Ordnung, die bekanntlich sein

69

muß. Befehl und Gehorsam bedingen und erfordern einander. Wer gehorchen gelernt hat, darf hoffen, einmal befehlen zu können, muß es allerdings auch, um das Gehorsamsopfer willig und vollständig zu erbringen.

Doch ebensowenig wie der Gehorsam ist der Befehl frei und willkürlich. Auch er gehorcht demselben Ordnungsprinzip, das er verkündet und in dessen Namen er das Gehorsamsopfer verfügt. Rechtfertigung liefert der Macht die Begründung und der Gewalt die Weihe. Die Automatik von Befehl und Gehorsam wird durch Legitimierung der Macht, durch die Verinnerlichung der von der Macht verfügten Gewalt und deren innere Anerkennung als notwendig, berechtigt und geheiligt erst ermöglicht.

Die Darstellung und das subjektive Erlebnis von eigener Gewalt als Verteidigung, Pflicht, Notwendigkeit usw. kommen aufgrund des bewußten oder unbewußten Etikettenschwindels zustande, der in der Gewaltrechtfertigung und schließlich auch im subjektiven Erlebnis die Gewalterfahrung beseitigt. Gewalt kann dann sozusagen wieder naiv, ohne Schuldgefühl und Reue, aber auch ohne wirksame Kontrolle angewendet werden. Alle hierarchischen Organisationen (einschließlich der Organisation der eigenen Persönlichkeit) zeigen Ansätze zu derartiger Gewaltrechtfertigung und Gewaltverherrlichung.

In faschistischen Systemen, die Zucht und Ordnung, Befehl und Gehorsam, Überlegenheit und

Unterwerfung als Ungleichheitskategorien maximieren, treten diese Elemente ungemein stark hervor. Ganz bewußt hingegen verwenden die anderen Systeme Gewalt nur als Ultima ratio der Konfliktaustragung.

Die innere und äußere institutionelle Bindung kontrolliert nun die Aggression, welche sie dem Individuum abgenommen hat. Von ihm wird der Triebverzicht auf freie Aggression gefordert und, wenn nötig, erzwungen. Dafür befriedigt die Organisation durch ihre Stetigkeit, Solidarität und Stabilität das Sicherheits- und Identitätsbedürfnis und garantiert Konstanz, Vorhersehbarkeit und Schutz ebenso wie praktische Lebenshilfen.

Terror von oben schafft das eindimensionale Universum der nackten Gewalt, in dem alle persönlichen Beziehungen auf die Herr-und-Sklaven-, Hammer-und-Amboß-Beziehung reduziert sind. Wer nicht terrorisiert werden will, muß terrorisieren. In diesem Sinne ist Terror von oben die bewußte Wahl einer politischen Strategie und einer Herrschaftstechnik, die absichtlich als unabänderlich und unabdingbar dargestellt wird. Die Terroristen von oben müssen angeblich wegen der Unwissenheit, der Schwäche, der Hilflosigkeit oder der Schlechtigkeit der ihnen unterworfenen Subjekte einschüchtern, drohen und strafen, um zu erziehen, zu schützen, zu stützen und zu vereinigen.

Unweigerlich und prinzipiell ist der Terror von oben total und totalitär, er kann weder eine Privat- noch eine Intimsphäre respektieren und bean-

71

sprucht die totale Persönlichkeit. Die Herrschafts-
clique ist niemandem verantwortlich außer dem
Führer, der seinerseits nur der Geschichte, seinem
Gewissen oder dem absichtlich vage definierten Willen des Volkes verantwortlich ist. Er darf von jedem
Rechenschaft fordern, ist aber niemandem Rechenschaft schuldig.

Organisierte Aggressionsbindungen erfüllen stets
drei Bedingungen und Funktionen:

1. Aggressionskontrolle,
2. Aggressionserlaubnis unter den von der Organisation bestimmten Regeln,
3. Aggressionsrechtfertigung im Dienste der Organisation.

Nicht alle freie Aggression wird völlig gebunden,
die Organisation hält einen geringen, manchmal allerdings verschwindend kleinen Teil von Aggression
freischwebend einsatzbereit und stellt ihn in Droh-
gebärde und Imponiergehabe zur Schau.

Mit der Lockung von Aggressionserlaubnis ent-
schädigt die Organisation das Individuum für den
erzwungenen Triebverzicht. Der den Individuen ab-
verlangte und auferlegte Triebverzicht wird ganz
oder teilweise durch Triebbefriedigungserlaubnis im
Dienst der Organisation wettgemacht.

10.
Das Uralte und das ganz Neue

Archaische Vorstellungen werden mit modernen technologischen und propagandistischen Mitteln durchgesetzt. Mythisierende Einbildungen mit deutlich paranoider Färbung werden in die Vergangenheit rückprojiziert und durch bewußte Steuerung unbewußter Tendenzen zu Leitmotiven und Handlungsvorschriften für Gegenwart und Zukunft umfunktioniert. Der Wille der glorifizierten Jugend soll das gleichermaßen glorifizierte Urälteste wiederherstellen.

Im Zusammenhang mit den oben angestellten Erwägungen der Lebensphilosophie soll der Wertzersetzung, dem Weltbildverlust, der Orientierungslosigkeit und Bindungslosigkeit (aufgrund intellektueller und emanzipatorischer, egalitärer Bestrebungen) entgegengewirkt und die verlorene Harmonie im Sinne verlorener Lebenswerte wiederhergestellt werden (Restitution des Gleichgewichts und der »Mitte«, die durch Krisenerscheinungen gestört oder vernichtet wurde).

Zwar sind im modernen Faschismus Elemente des sogenannten klassischen Liberalismus deutlich enthalten (antietatistisch, antibürokratisch, gegen das Verordnete und Befohlene, für das organisch Gewachsene). Allerdings ist dem Liberalismus natürlich die Idee eines superindividuellen Ganzen, dem

73

sich das Individuum völlig unterordnet und in dem es aufgeht, fremd. Jedoch ließen sich die seinerzeitigen liberalen Strömungen mit dem aufkeimenden Nationalismus sehr wohl vereinen; daher scheint besonders auch in bezug auf diesen Nationalismus der Rechtsextremismus dem Normalen − dem »gesunden Volksempfinden« entsprechend − viel näher als der Linksextremismus.

Der Liberalismus bürdete zwar dem Individuum einen Großteil Eigenverantwortung für sich selbst und seine Familie auf, entlastete es aber von der Sorge für das Gemeinwohl, das eben der unsichtbaren Hand und ähnlichen Kräften anvertraut war. Wie schon oben erwähnt, ersetzt funktionell das Volksganze diese unsichtbare Hand und rechtfertigt den blanken Egoismus mit gutem Gewissen, solange er sich auf das Volkswohl berufen kann.

Während liberal-konservative Anschauungen jedoch, wenn auch aus verschiedenen Gründen, Modernität bekämpfen, benützt sie der Faschismus bis zu ihrer letzten Möglichkeit. Zwar gibt es Auffassungen des Faschismus als Protest gegen das Moderne und gegen soziale Entwicklung überhaupt, sozusagen als Kostümierung des Widerstandes gegen Modernitätsschübe, die entschärft und immunisiert werden. Viel wahrscheinlicher ist jedoch die Theorie von der Denunziation der Moderne als traditions- und wertfeindlich, gleichzeitig wird sie benutzt und ausgenutzt zur Wiederherstellung eines verherrlichten alten Zustands.

Bei der Erosion von wirkenden Traditionen wird

74

unter dem Druck und der Verwendung von Katastrophenprophezeiungen, Endzeiterwartungen und angekündigten Entscheidungsendkämpfen ein Zielzusammenhang, der in die Vergangenheit weist, symbolisch hergestellt. Hierdurch entstehen neue, künstlich geschaffene, oft ambivalente Vereinfachungen, die wiederum zur Mobilisierung, zum Zusammenhalt der Gruppe durch Aufputschen paranoider Erwartungen und zur Gestaltung einer Zukunft verwendet werden können, die sich in ihrer Werterealisierung immer wieder auf die Vergangenheit berufen kann.

Die in den zehn Kategorien des Faschismus-Syndroms zusammengefaßten Merkmale entsprechen bestimmten Wunschvorstellungen, Sehnsüchten des einzelnen und einem tiefempfundenen, existentiell bedeutsamen Bewußtsein eines wie auch immer gearteten Mangels; d. h., die Ebene, auf der das Ursachengefüge für eine solche Welt- und Selbstsicht zu suchen ist, ist die psychische, ist das Ich. Daher ist es nötig, auf psychoanalytische Grundbegriffe zurückzukommen, um die psychischen Konstellationen zu verdeutlichen, die zu einer Bevorzugung faschistischer »Angebote« führen.

III.
Persönlichkeitskonstellationen

1.
Ich- und Es-Herrschaft

In der ursprünglichen psychoanalytischen Vorstellung hatte das sogenannte Ich (dieser Begriff lehnt sich absichtlich an den allgemeinen Sprachgebrauch und praktische Erlebniserfahrung an) eine doppelte Bedeutung. Einerseits bezeichnete das Ich die Gesamtpersönlichkeit, das Erleben und Empfinden der eigenen Person, also das Selbst; andererseits bezog sich das Ich auf einen Persönlichkeitsteil, nämlich den weitgehend bewußten, kontrollierenden, steuernden und integrierenden Teil des seelischen Apparats, der im Ganzen aus dem Es, dem Ich und dem Über-Ich bestand. Ich hieß damals also sowohl ein Teil der Gesamtpersönlichkeit als auch diese Gesamtpersönlichkeit als Ganzes.

Interessanterweise hat sich inzwischen der Sprachgebrauch verändert: Was heute als starkes Ich oder Ego beschrieben wird, d. h. robustes Selbstbewußtsein und Durchsetzungsvermögen, würde dem ursprünglichen psychoanalytischen Verständnis als schwaches Ich erscheinen, weil es der ständigen Bestätigung durch äußere Erfolge bedarf.

In den frühen Schriften Freuds[17] entsprang das Ich aus dem Es, jenem Es-Anteil, welcher, der Realität zugewendet, sich zu besonderen Funktionen differenziert, der Realität immer ähnlicher wird und diese schließlich sowohl repräsentiert wie erkennt.

Im Reifungsprozeß vergrößert und verstärkt sich das bewußte Ich auf Kosten des unbewußten Es und des weitgehend unbewußten Über-Ich (ebendies ist auch das Ziel der versuchten Nachreifung in psychoanalytischer Behandlung), während umgekehrt in der Regression krankhafter Vorgänge die Über-Ich- und Es-Anteile dem Ich die Kontrolle entwinden und die Persönlichkeit beherrschen.

In der ursprünglichen psychoanalytischen Betrachtung gab es, stark vereinfacht, eigentlich nur zwei einander entgegengesetzte Richtungen: die der Entwicklung und Reifung des Individuums durch Stärkung des bewußten Ich (Progression) und die des Rückfalls in frühere Entwicklungsstadien mit Schwächung des Ich und entsprechend stärkerem Hervortreten der unbewußten Es- und Über-Ich-Strebungen (Regression). Die vom Ich betriebene und dargestellte Bewußtmachung unbewußter Inhalte diente der Aussöhnung und Integration der verschiedenen, einander entgegengesetzten Ansprüche des Es, des Über-Ich und des Ich, vor allem aber deren Kontrolle, die erst durch Bewußtmachung ermöglicht wurde. Die entscheidende Bedeutung dieser Triebkontrollfunktion wurde durch die Gleichsetzung des Ich als Persönlichkeitsanteil mit dem Ich als Ausdruck der Gesamtpersönlichkeit besonders betont. (Nach Heinz Hartmann entspringen das Es und das Ich gleichzeitig und daher gleich »primär« aus einer gemeinsamen Matrix.[18])

Selbsterkenntnis im Sinne des Erkennens und Anerkennens der eigenen Natur und deren Möglichkeiten ist das ursprünglich sokratische Wahrheits- und Freiheitsideal und wird zur psychoanalytisch empfohlenen Methode. Die Kenntnis und Erkenntnis der Umwelt und des eigenen Selbst ist die Weisheit, die zur Tugend wird und zur Autonomie befähigt. Die Anwendung der menschlichen Vernunft auf das eigene Selbst soll durch Kenntnis der verschiedenen inneren und äußeren Abhängigkeiten die Befreiung von eben diesen Abhängigkeiten und damit die Autonomie der Selbstbestimmung ermöglichen. Einsicht ist das Anfangsstadium, dem nach dem Bewußtwerden der vormals unbewußten Zwänge (des Es und des Über-Ich) deren bewußte Kontrolle und Steuerung folgt, die schließlich Zwang ausschalten und durch Befreiung heilen.

Freud war klar, daß die Bewußtmachung und Kontrolle unbewußter Triebabkömmlinge niemals völlig gelingt. Im Hinblick auf die für das Individuum unabänderliche Struktur der Außenwelt und ihrer Lebensnot (Ananke) empfahl er daher bewußten Verzicht statt unbewußter Verdrängung. Das Sichbescheiden, das Aufgeben von vielen (allerdings keineswegs allen) Triebansprüchen und soziale Anpassung werden als gleichzeitig notwendige und vernünftige Bedingungen für optimale Persönlichkeitsentwicklung dargestellt.

Doch dieses Ideal der optimalen Persönlichkeitsentwicklung, das als kulturelle Selbstverständlichkeit der liberalen Ära (die mit der Frühzeit der totalitären Periode zusammenfällt) für die theoretischen Vorstellungen der Psychoanalyse auch das

Rüstzeug liefert, ist keineswegs unbestrittenerweise *das* »Naturgesetz« der menschlichen Entwicklung. Gerade auch aufgrund psychoanalytischer Einsichten kann der Versuch des Ich (im engeren Sinne des mehr oder weniger bewußten Persönlichkeitsanteils), Kontrolle über die unbewußten Persönlichkeitsanteile zu erlangen und auszuüben, als Kopie und Replik der gesellschaftlich bestehenden Unterdrückung und Beherrschungsstrategien aufgefaßt werden. Die sogenannten Abwehrmechanismen des Ich, vor allem Verdrängung und Verleugnung, können als den äußeren analoge, weil introjizierte Herrschaftstaktiken verstanden werden (siehe Wilhelm Reich[19]).

In der faschistischen Betonung der organischen Gewachsenheit des Volksganzen, demgegenüber die einzelnen Individuen ihren Wert nur als Teilchen haben, welche das Funktionieren des Ganzen gewährleisten, wird der Wert des Individuums herabgesetzt und seine persönliche Entwicklung nur im Rahmen des Interesses des Ganzen gestattet, so daß die Forderung nach unbeschränkter individueller Entwicklung unberechtigt und unter Umständen sogar als Verrat am Ganzen erscheint.

Die vielfache Abhängigkeit des Ich von den Bedingungen seiner eigenen Entstehungsgeschichte und der des Über-Ich und des Es konnte niemals übersehen werden, so daß die unter Umständen später erreichte Autonomie des Ich stets eine relative blieb (um so mehr, als das Es und das Über-Ich nur in sehr beschränktem Maße persönlichkeitseigen, d. h. Persönlichkeitsbesitz oder Persönlichkeitserrungenschaften sind). In der Zeit der klassischen Psychoanalyse wurde jedoch die Entwicklungstendenz auf ein zumindest relativ autonomes Ich hin niemals bezweifelt oder »hinterfragt«.

Leicht gelingt es, die Ausbildung eines trotz aller Anpassung möglichst individuellen Ich als Folge und Ausdruck eines herrschenden politisch-ökonomischen Klimas und der zugehörigen Utopien zu deuten, die in der individuellen Persönlichkeit, wenn schon nicht das Glück, so doch das Schicksal der Menschenkinder, die zu Erwachsenen geworden sind, verwirklicht sehen.

Dieses Entwicklungsziel wurde durch individuelle, möglichst autonome rationale Prüfung aller Handlungsimpulse mit verbesserter Kontrolle von Triebregungen, durch Triebaufschub und Disziplin erreicht. Das im Sinne der Psychoanalyse wenig oder unterentwickelte Individuum besitzt weder die inneren noch die äußeren Voraussetzungen zur Erreichung dieses Entwicklungsziels; es hat auch eine ganz andere Zielsetzung. Die in einer sozusagen präindividuellen Lebensform steckengebliebene Person empfindet Vereinzelungsangst, Verantwortungsfurcht und isolierende Entfremdung in derart starkem Maße, daß das möglichst schnelle Aufgehen in einem größeren, vorgeblich schützenden und sinngebenden Ganzen zum überwältigenden Bedürfnis wird.

Das Ideal der Ich-Kontrolle und Ich-Herrschaft

weist zwar auch auf die irrationalen Ängste und irrationalen Handlungen hin, die es durch das Ich zu
kontrollieren gilt, verleugnet jedoch die irrationale
Lust, die sich in der Abwerfung der Ich-Beschrän-
kungen oder einer Überschreitung der Ich-Grenzen
(z. B. in Rauschzuständen, in Unterwerfung unter
charismatische Führer, aber auch in der Liebe) ma-
nifestiert.

Die Es-Herrschaft bzw. die Erlaubnis des relativ
unbeschränkten Auslebens von Es-Forderungen
(die in Umkehrung des Freudschen Satzes prokla-
miert: Wo Ich war, soll Es sein) betont, daß das Ich
die Stätte und die Ursache von Unsicherheit,
Schuld, Angst und vor allem von eigener Verantwortung ist, so daß der individuelle Freiheitstraum
·immer auch ein Angsttraum ist, dem man durch Unterwerfung unter äußere Autorität entfliehen kann.

Konsequent folgt die Periode der Popularität faschistischer Ideale historisch dem weitgehenden
Scheitern der vorhergehenden liberalen Periode.
Denn wenn das Individuum in der konkreten Realität, sowohl in der Realität des eigenen Erlebens als
auch in der äußeren objektiven Realität, trotz aller
geleisteten Verzichte nicht nur keinen Freiheitsgewinn verzeichnet, sondern sich auch in drastischem
Gegensatz zu seinen objektiv vergrößerten Freiheitsmöglichkeiten versklavt, dehumanisiert, ge-
prellt und manipuliert fühlt und es in einer immer
stärker verwalteten Welt auch zunehmend ist, dann
hat das Ich sein Selbstbefreiungsziel, um dessentwil-
len das komplexe Anpassungs-, Harmonisierungs-

und Verzichtarrangement inszeniert wurde, verfehlt. Und die Idee, daß das individuelle Ich allein machtlos sei, die drückenden und unterdrückenden Verhältnisse entscheidend zu ändern, gewinnt an Glaubwürdigkeit.

Deutlich erweist sich, daß die nur auf die Autonomie des vereinzelten Individuums ausgerichtete und nur an dieser eigenen Selbstbestimmung interessierte Befreiung nicht nur scheitern muß, sondern auch jene Tyrannei der Herrschaftsvernunft reproduziert und perpetuiert, zu deren Abschaffung alle Anpassungs- und Abwehrkräfte des Ich mobilisiert wurden. Das nur auf die Besonderheit der Autonomie des Individuums bedachte Ich hatte immer schon nur einen eingeschränkten und besonderen Vernunftbegriff adoptiert, nämlich den der funktionalen Rationalität.

Nur die Angemessenheit der angewendeten Mittel zur Zielerfüllung wurde vernünftig und kritisch überprüft, während die Bestimmung der Zielsetzung und die Zielwahl selber ungeprüft und unkritisch dem Zufall und der Willkür oder den angeblichen Zufall und die Willkür steuernden Kräften überlassen wurden. Die gesellschaftlichen Machthaber und deren Überzeugungsmanager sorgten schon dafür, daß das Feld der Zielwahl nicht zum Spielraum für den Zufall, für individuelle Willkür und schon gar nicht für individuelle Wahlfreiheit wurde.

In dem von der kritischen Vernunft und vernünftigen Kritik ausgesparten und verschont gebliebenen Bereich herrscht — ärger noch als unberechenbare Irrationalität — die bis zur Automatik durchorganisierte Verwaltung und Kontrolle der scheinbar immer anonymer werdenden Herrschenden über die tatsächlich immer anonymer werdenden Beherrschten. Die Notwendigkeit des Verzichts ist für das Individuum geblieben, ebenso wie dessen schmerzhaft empfundene Vereinzelung und Isolierung. Doch die von der Vernunft ständig in Aussicht gestellte und tatsächlich vernünftig durchaus mögliche Ausschöpfung seiner Freiheitsmöglichkeiten wird gemäß dem gesellschaftlichen Kommando entweder als schon stattgefunden dargestellt oder auf einen unbestimmten Zeitpunkt verschoben.

»C'était plus fort que moi« hat auch zur Folge, daß zur Erhaltung oder Wiedergewinnung des eigenen Selbstwertgefühls das Selbst sich auf die Seite der stärkeren Kräfte schlägt, die dem seinerzeitigen Ich antagonistisch gegenüberstanden. Statt dessen entsteht die willige Bereitschaft, von den eigenen Impulsen (und von veräußerlichter Autorität) überwältigt zu werden.

Nebenbei bemerkt: Durch derartige Deindividualisierung wird gemäß den stochastischen Gesetzen der Spieltheorie die Gewißheit der Vorhersage und Steuerung von Massenreaktionen in der Wahrscheinlichkeitsrechnung der großen Zahlen ermöglicht, wobei ebenso wie beim Roulettespiel die Unvorhersehbarkeit der Reaktionen des nächsten Spiels oder der einzelnen Spieler irrelevant wird.

Beim Roulette verliert bei genügender Teilnahme die Gesamtheit der Spieler langfristig immer; wiewohl der einzelne Spieler gelegentlich gewinnen kann, obsiegt am Ende stets die Bank, um so mehr, je eindringlicher sie dem einzelnen Spieler den Eindruck zu vermitteln vermag, daß er freiwillig und sogar lustvoll in freier Wahl seine Gewinnchance wahrnimmt. Millionen von Menschen drängen sich – viele in voller oder teilweiser Kenntnis der Sachlage – zur Gelegenheit, sich bei Glücksspielen und Lotterien ausnützen und berauben zu lassen, vielfach auch unter Umgehung gesetzlicher Bestimmungen, die sie vor dieser Ausbeutung schützen sollen. Der Wunsch nach zumindest zeitweiliger Nutzung eines freien Spielraums ist stark genug, um die vernünftige Erwägung zurückzudrängen, daß der kurzfristige und zudem nur scheinbare Freiheitsgewinn mit langfristigem Freiheitsverlust zu bezahlen sein wird.

Im Kontrast zu den Resultaten der Ich-Herrschaft, die durch angeblich vernünftiges, Ich-gesteuertes Verhalten das unvernünftig verkrüppelnde Leistungs- und Erfolgsprinzip erzeugt, drückt sich die Auflehnung und Feindseligkeit des Es gegen die Knechtschaft des Ich durch die Vorliebe für Mystik und Aberglauben, für Irrationalität um ihrer selbst willen, für Rauschzustände aller Art aus. In diesen Zuständen befreit sich das Individuum von Es-feindlichem Befriedigungsaufschub und Befriedigungsverzicht; das Es will nicht immer nur resignieren und verzichten, sondern rebelliert ganz offen nicht nur gegen das Ich, sondern gegen die von diesem verwendete Vernunft überhaupt, so daß dann auch keine Verpflichtung mehr besteht zu logischer Konsequenz oder zur Versöhnung von Widersprüchen.

Da dem typischen Faschisten das vollentwickelte, integrationsfähige Ich fehlt (wiewohl es ihm nicht abgeht), hält er Widersprüche oder auch verschiedene Anschauungen derselben Sache überhaupt nicht aus; derartige Wahrnehmungs- und Beurteilungskonflikte werden daher von ihm blitzschnell im Sinne eines vereinfachten Schwarzweißschemas aufgelöst.

Mythologische Instruktion verwandelt kulturelle Einsichten und Vorlieben in gleichsam natürliche Tatsachen. Mit ebendieser kulturellen Selbstverständlichkeit nahmen Freud und mit ihm die meisten führenden Denker, Philosophen, Künstler und Staatsmänner des beginnenden 20. Jahrhunderts an, daß die Gewinnung von individueller Selbstbestimmung, von autonomer Unabhängigkeit gemäß dem Goetheschen Ideal des Glücks der Persönlichkeit, trotz oder sogar wegen aller Schwierigkeiten der Erreichung dieses Ideals das Ziel der menschlichen Entwicklung sein müsse.

Interessanterweise wird dann unter nicht erkannter Verwendung biologischer Analogien dieses Ideal auf das Makroindividuum der Gemeinschaft, des Staates, des Volks, der Rasse etc. übertragen — mit dem grundsätzlichen Unterschied, daß diese pseudobiologische Ganzheit sich der Drohung des individuellen Todes entzieht. Das biologische, d. h. das biologisierte »Ganze« des Volkes, des Staats, der Religion etc. lebt weiter, »überwindet« sogar das individuelle Ende und spendet jedenfalls den Trost, daß durch das Überleben in der größeren Einheit die sichere Aussicht des persönlichen Todes leichter ertragen wird.

Bisher wurde fast vollkommen übersehen, daß der Faschismus (noch zu einem weit höheren Grade als andere totalitäre Systeme) in bezug auf die Persönlichkeitsprägung nicht nur andere Entwicklungsformen bevorzugt, sondern radikal andere Entwicklungsziele verfolgt. Gefördert und versprochen wird nicht die optimale Ausbildung der Persönlichkeit, sondern das Ausleben der sexuellen und aggressiven Triebe unter der Herrschaft eines nach außen verlagerten Über-Ich; hierbei wird die Entwicklung des reifen kontrollierenden, rational abwägenden Ich eher als Störfaktor angesehen, der vermieden oder eliminiert werden soll.

Statt Förderung der Introjektion, auf der das Ich und das internalisierte Über-Ich beruht, wird die Projektion der aggressiven Impulse auf den Feind und der sexuellen Impulse auf den gottähnlichen, allmächtigen Führer gefordert und gefördert. So erfolgt der erwünschte blinde Gehorsam nicht aufgrund der Beachtung der inneren Stimme, sondern unter deren Ausschaltung durch eine direkte Beziehung zum externalisierten Gewissen, zur höchsten Autorität des Führers (und dient dadurch wie selbstverständlich auch der Vereinheitlichung). In diesem

88

Ideal wird das bewußte kontrollierende Ich mit seinen »realistischen« Verzichtforderungen (die das Lustprinzip in das Realitätsprinzip umwandeln) möglichst reduziert oder völlig ausgeschaltet, was wiederum automatisch gleichgeschaltete Reaktionen garantiert.

Individuen (oder besser: Menschen, die auf einer präindividuellen Entwicklungsstufe fixiert oder auf diese regrediert sind) sind eben wegen ihrer mangelnden inneren Entwicklung und wegen fehlender starker Introjekte ewig von äußeren Autoritäten abhängig; sie werden nicht erst durch das Tragen von Uniformen gleichgemacht oder durch uniformes Denken gleichgeschaltet, sondern bedürfen in ihrer durch wenige Introjektionen gehemmten Projektionsbereitschaft des charismatischen Führers; sie warten sozusagen auf die Autorität, der sie sich unterwerfen dürfen und müssen, um ohne eigene Steuerung überleben zu können. Zumindest scheinbar müssen sie auf etwas verzichten, dürfen jedoch unter dem autoritären Kommando ihre Triebe voll ausleben, haben nichts zu verlieren als ihre Persönlichkeit, die sie entweder nie besaßen oder wegen deren frustrierender Aspekte ohnehin nur als lästig empfanden.

Im Betonungswandel erscheint dann das Es als die wirkliche, echte, befreiende und befreite Persönlichkeitsinstanz, während das Ich als Produkt von Internalisierungen im Zuge der kulturellen Entwicklung als Maske und Reflexion sozialer Anpassungsformen abgewertet wird. Daher stimmen diese

Menschen der Versklavung des Ich, die sie als Befreiung empfinden, freudig, sogar jauchzend zu.

Keineswegs zufällig (aber doch einigermaßen willkürlich und unter Vernachlässigung vieler wichtiger Unterschiede) ist daher der »typische Faschist« als narzißtisch gestörte oder auch als »Borderline«-Persönlichkeit beschrieben worden, bei der sich hinter einer relativ intakten Fassade eine schwache Ich-Struktur verbirgt. Nur drückt sich diese sogenannte Ich-Schwäche beim Faschisten (im Unterschied zum Neurotiker und Psychotiker oder gar zu den von Margret Mahler[20] beschriebenen autistischen Kindern) nicht in Funktionsuntüchtigkeit aus, sondern in einem unreifen Hunger nach Gemeinschaft, der kannibalistisch sich die Identifikationsobjekte einverleiben will und die Grenzen zwischen außen und innen verschwimmen läßt.

Klaus Theweleit[21] spricht von Ganzheitsmaschinen, die als Nation, Partei, Gruppe etc. von Individuen gleichsam verschlungen werden, wobei die Person, als wollte sie die eigene Unvollkommenheit vergessen machen, sich fugenlos durch Entdifferenzierung und Entlebendigung in den perfekt funktionierenden größeren Zusammenhang einfügt. Zusammen mit der Ganzheitsmaschine entwickelt der Faschist eine Wunschmaschine, die Fähigkeit, lustvolle Verbindungen mit Parteiobjekten und Systemen einzugehen, ohne daran von einem ödipalen Über-Ich gehindert zu werden.

Für den früh indoktrinierten Faschisten ist die Indoktrination nicht nur nicht gelungen, sie wird erst gar nicht versucht oder gewünscht. Das Erlebnis des Individuums als Subjekt findet vielmehr durch Erfüllung seiner Verschmelzungssehnsucht in Kollektivveranstaltungen wie Massenaufmärschen, militärischen Drohgebärden und Kriegen statt.

Um dieses Phänomen der individuelles Leben bedrohenden und zerstörenden Destruktivität theoretisch zu beschreiben, schlug Erich Fromm[22] den Begriff der lebensfeindlichen Nekrophilie vor, der sich vom Freudschen sogenannten Todestrieb sehr wesentlich unterscheidet. Bei Freud ist der Todestrieb eine von allem Anfang dem Organismus eingebaute Tendenz, die als Teil des Lebens in Wechselwirkung mit erotischen Trieben dieses Leben gestaltet. Fromm versteht unter Nekrophilie eine besonders bösartige, eigentlich heillose Form der Aggression, die er von anderen, konstruktiveren (und ihm sympathisch erscheinenden) Formen der Aggression abgrenzt.

Doch die rücksichtslose Entschlossenheit der Fanatiker und auch die Todesbereitschaft der Faschisten ist im Gegenteil stark libidinös besetzt und sexualisiert. Sie drückt die Sehnsucht nach Verschmelzung, Wiedervereinigung und Geborgenheit im allmächtigen Ganzen aus. Daher erscheint die assoziative Verbindung einer seltenen, höchst pathologischen Perversion, der Nekrophilie, mit Faschismus nur als Herabsetzung und als Demonstration des Abscheus, die keine neuen brauchbaren Erkenntnisse erschließt.

Die faschistischen Systeme begünstigen und verlangen die Verinnerlichung ihrer Ideologie und die gleichzeitige Veräußerlichung der Steuerungs- und Gewissensfunktionen, was sonst nur in Ausnahmezuständen stattfindet. Faschismus produziert und verewigt den allen Gruppenangehörigen zugänglichen, ständig herbeiführbaren Rauschzustand, in dem, wie in rauschhafter Traumwelt, alle Ich-Grenzen verschwimmen.

Aufgrund massenhysterischer Ansteckung ist die Preisgabe der Individualität programmiert; aufgrund der Ausnützung von individuellem Notstand durch gesellschaftliche Werbetechniken kann die scheinbar freiwillige, sogar enthusiastische Rückkehr zu primitiven, präindividuellen, früheren Verhältnissen der Sklaverei nicht nur als altruistisches Opfer, sondern als Selbstfindung erfahren werden. In der Selbstaufgabe, in der Vereinigung und Wiedervereinigung mit dem ursprünglichen großen Ganzen findet das Individuum in diesem Ganzen nicht nur ein Aggressionsventil und eine Aggressionsrechtfertigung, sondern Erlösung von Schuld und individueller Todesfurcht.

Gemäß ihrem eigenen Realitätsprinzip fordert die größere Einheit den Verzicht des einzelnen, auch den Verzicht auf den einzelnen. Das Überdauern des Ganzen garantiert erst durch das Opfer und nach dem Tod des Teilchens dessen Unsterblichkeit. Teilnahme an der Machtfülle der Autorität, die frühkindliche Phantasien von göttlicher und elterlicher Allmacht wiedererweckt, läßt das Aufgeben der früheren Individualität nicht als Opfer, sondern als Befreiung erscheinen. So kann die völlige Versklavung als mystische Wiedergeburt gefeiert werden.

2.
Das Ich im Dienste der Regression

In der immer wichtiger werdenden psychologischen Diskussion, welche die Gründe für das Faszinierende vom, die Identifikation mit dem und die Mobilisierung durch den Faschismus erhellen will, spielen Theorien über Narzißmus, Entfremdung und Entsubjektivierung via direkter, sozusagen unmittelbarer Identifikation des ungereiften Individuums mit einer amorphen, manipulierbaren Masse eine wesentliche Rolle. Das von mir entwickelte Konzept des »Ich im Dienste der Regression« scheint hier besonders fruchtbar, da dieser Begriff den neueren Erkenntnissen bezüglich des allgemeinen Trends der Persönlichkeitsentwicklung im Sinne geringerer Ausbildung der klassischen Über-Ich-, Ich- und Es-Strukturen Rechnung trägt.

In der neueren psychoanalytischen Forschung, die sich vor allem auch mit dem säkularen Wandel neurotischer und psychotischer Krankheitsbilder, aber auch mit der Veränderung der sogenannten Normalität beschäftigt, wird häufig darauf hingewiesen, daß mangels einer autoritären, festgefügten Familie oder eines »starken Vaters« die primären Sozialisationsprozesse einigermaßen anders verlaufen als traditionell. Vielmehr entstehen Persönlichkeiten, welche die »klassische« Dreiteilung in Über-Ich, Ich und Es gar nicht entwickelt haben. Dazu komme die rational erklärliche, wenn auch zuweilen irrational

94

übertriebene Furcht vor der völlig ungewissen Zukunft.

Abgesehen von all jenen Erwägungen, die Sigmund Freud in »Das Unbehagen in der Kultur«[23] und anderen Schriften anstellte, sind offenbar der Aufschub von Triebbefriedigung und das Wirken anderer Ich-Mechanismen nur dann gerechtfertigt, wenn vernünftigerweise Befriedigung in der Zukunft erwartet werden kann. Falls diese Zukunft so unbestimmbar geworden ist, daß sogar berechtigter (rationaler) Zweifel darüber besteht, ob es für das Menschengeschlecht überhaupt eine Zukunft geben wird, gibt es auch keinen Anlaß mehr für diese Art des Triebaufschubs, so daß dann typische Handlungsweisen mit Betonung der unmittelbaren Befriedigung im Hier und Jetzt auftreten.

Unter der Voraussetzung, daß sich die klassischen Persönlichkeitsinstanzen nicht mehr oder zumindest nicht mehr in so ausgeprägter Weise formen, kann im Sinne der Identitätssuche und Identitätsfindung eine frühzeitige Identifikation des noch unreifen Individuums mit einer zum Ich-Ideal erhobenen Gruppe, Person oder Idee erfolgen; dies bringt euphorisch-ozeanische Gruppengefühle, partizipatorische Teilnahme mit Empfindungen der Zugehörigkeit und Geborgenheit hervor.

Tatsächlich haben sich vielleicht die üblichen Formen der primären Sozialisierung aufgrund gewandelter sozialer und familiärer Verhältnisse weitgehend geändert, so daß gewissermaßen »Identitäten« gefunden werden, bevor die Persönlichkeit, zumindest im klassischen Sinne, entwickelt ist. Das würde auch das manifeste Überwiegen primitiver, nicht sozialisierter und nicht kontrollierbarer Tendenzen erklären. Diesem Bild entspricht die häufig geäußerte, von gewissen soziologischen Befunden unterstützte Meinung, daß es heute keine definitiven Autoritäten mehr gebe und daß daher die Jugendlichen in ihrer Persönlichkeitsentwicklung auch nichts mehr hätten, mit dem sie sich in Anlehnung identifizieren oder wogegen sie in Ablehnung wirkungsvoll protestieren können. Daher muß ein vielstufiges Kompensationssystem für die verschiedenen unvermeidlichen Deprivationen in diffuser Form ausgebildet werden.

Dieses Erklärungsschema, das Individuen mit verschwommenen Persönlichkeitsgrenzen voraussetzt, die ebendeswegen zur regressiven und projektiven »Größenidentifikation« neigen (mit oder ohne Drogen), würde im Sinne der Gruppendynamik auch einiges über die von faschistischen Systemen ausgebeutete Unterwerfungsfreude aussagen.

Vor einiger Zeit entwickelte Ernst Kris[24] den Begriff der »Regression im Dienste des Ich«, d. h. der kontrollierten Regression. Damit soll erklärt werden, wie regressive Prozesse (die im allgemeinen in der Psychoanalyse eine pejorative Bedeutung besitzen), produktive Resultate hervorbringen, z. B. in künstlerischer Aktivität, in der Liebe usw., wenn und indem sie in den Dienst der rationalen und bewußten, zumindest potentiell bewußten Persönlichkeitskräfte des Ich gestellt sind. In dieser modellhaften Auffassung ging Kris von einem vollentwickelten, reifen Ich aus (z. B. des schaffenden Künstlers), das sich bzw. seinen Es-Impulsen regressive Tendenzen erlauben kann, eben weil es diese kontrolliert und in einen größeren Zusammenhang einbauen kann.

Nun wurde schon häufig bemerkt und beobachtet, wenn auch meines Wissens niemals theoretisch darüber reflektiert, daß auch sehr Ich-starke Individuen, die in jeder Hinsicht funktionstüchtig sind und waren, in ihren individuellen oder kollektiven Zielsetzungen völlig irrationalen, unter Umständen regressiven Zwecken ihre hochentwickelte Funktion zur Verfügung stellen.

Einen beträchtlichen Anteil an der gegenwärtigen Technologieverdrossenheit und manifesten Fortschrittsfeindlichkeit weiter Kreise hat die richtig beobachtete Tatsache, daß höchstausgebildete Wissenschaftler, Künstler, Techniker und andere intellektuell Hochrangige (die nur als Ich-stark bezeichnet werden können) ihre Dienste trotz oder gerade wegen ihrer Funktionstüchtigkeit in den Dienst völlig irrationaler, zerstörerischer und selbstzerstörerischer Zwecke stellen. Die Erklärung für dieses Phänomen ist vielleicht darin zu suchen, daß Rationalität (und daher Ich-Stärke) bisher völlig auf das Zweckrationale, d. h. die Mittelauswahl für bestimmte Zwecke, eingeschränkt war, während die Wahl der Zwecke sozusagen irrational-dezisionistisch freigegeben wurde. Es gibt eine ausgedehnte psychoanalytische Literatur über die sogenannte synthetische Funktion des Ich (die sich auf die obengenannten Funktionen und deren Koordination bezieht), aber wenig über die offensichtlich dialektisch zugeordnete diskriminatorische Funktion des Ich, die über Zwecke, Ziele etc. zu entscheiden hat.

Zu Beginn der individuellen Entwicklung (eben zu Zeiten der genetisch bedingten Schwäche eines noch unterentwickelten Ich) werden Identifikation und Introjektion noch weitgehend unselbständig, von der Umgebung zwangsweise bestimmt, erfolgen. Doch mit weiterer Entwicklung des Ich, ausgedrückt durch autonome Wahlmöglichkeiten, wird zunehmend die diskriminatorische Funktion des Ich darüber zu entscheiden haben, welche der kulturell angebotenen Modelle angenommen und verinnerlicht werden. Die diskriminatorische Fähigkeit des Ich bestimmt sodann nicht nur die hierarchische Anordnung und die Muster innerer Strukturen, sondern setzt auch zuweilen schnell wechselnde Prioritäten von Befriedigungsstrategien durch und ist somit für Persönlichkeitsbildung und Persönlichkeitswirkung entscheidend.

Im Sinne der psychoanalytischen Theorie ist es nun durchaus möglich, daß aus bestimmbaren psychologischen (aber auch ökonomischen, sozialen, kulturellen) Gründen die Ausbildung der stets notwendig kritischen diskriminatorischen Funktion auf einen frühen Entwicklungsstand fixiert ist oder auf diesen unter bestimmten Umständen (z. B. denen der Massenfaschisierung) zurückfällt. Dann kann es geschehen, daß sich zwar die synthetischen Funktionen des Ich, die für Anpassung, Erlernung und Integration sozialer und beruflicher Fähigkeiten, für Funktionstüchtigkeit verantwortlich sind, normal oder sogar kompensatorisch besonders stark weiterentwickeln, während die diskriminatorische Funktion der Kritik und der selektiven Wahl von Zielen weiter verkümmert. In allen Belangen, die sich auf Funktionstüchtigkeit beziehen, *scheint* daher eine derartige Persönlichkeit nicht nur Ich-stark, sondern ist es auch.

Die Regression (oder Unterentwicklung, sozusagen das Steckengebliebensein) diskriminatorischer Funktionen bedeutet zwar wahrscheinlich eine ebenso profunde Persönlichkeitsstörung wie das Nichtfunktionieren synthetischer Funktionen; doch während Störungen der synthetischen Fähigkeit zur Nichtanpassung und deutlichen Funktionsstörung führt, sind diskriminatorische Störungen nicht so einfach als Fehlverhalten zu erkennen.

Auch wäre zu entscheiden, ob eine Störung (von Sigmund Freud Ich-Deformation oder Ich-Verstümmelung genannt), die weder von dem betroffenen Individuum als solche empfunden noch von außen her ohne weiteres als solche erkannt wird, als Symptom oder gar als Krankheit eingestuft werden kann. Zweifellos gibt es zwar zahlreiche Individuen, die ein »starkes« Ich, wenn schon nicht besitzen, so doch vortäuschen, da zwar ihre synthetischen Ich-Funktionen intakt sind, ihr diskriminatorisches Vermögen jedoch unterentwickelt ist oder völlig fehlt.

Diese Personen, die wegen ihrer Richtungslosigkeit und Unfähigkeit, autonome Entscheidungen zu treffen, besonders unter Vereinzelung und Entfremdung leiden, werden sich besonders nach scheinbar freiwilliger Unterwerfung sehnen, um das »Rädchengefühl« (Teilnahme an einem größeren Ganzen) wiederzugewinnen. Das »Ich im Dienste der Regression« gibt zwar jeden Anspruch auf Autonomie und eigene Entscheidungsfreiheit auf, empfindet dies aber häufig nicht als Verlust, sondern als zusätzliche Erfolgsgarantie. Wer sich nicht nur willig jedem starken äußeren Einfluß unterwirft, sondern diesen auch prompt verinnerlicht, wird damit stets imstande sein, jede beliebige Anpassung mit gutem Gewissen vornehmen zu können.

Es ist daher falsch, zu vermuten, daß »wahnsinnige Zwecke und Ziele« nur Wahnsinnige anziehen können; die größere Gefahr, die sich im Faschismus der Vergangenheit und besonders im neuen Faschismus zeigt, besteht darin, daß auch äußerst regressive Ziele unter gewissen Umständen imstande sind, sich zu ihrer Durchführung sehr Ich-starker und hochentwickelter Individuen und Techniken zu bedienen. Im Sinne des »Ich im Dienste der Regression« kann also bisher so genannte Irrationalität die bisher sogenannte Rationalität völlig beherrschen, während umgekehrt aufgrund intuitiver und wissenschaftlicher Einsichten das latent irrationale Reservoir des Individuums und der Massen rational kalkuliert, manipuliert und eingesetzt werden.

IV.
Signale und Warnungen

Die gegenwärtige europäische Situation ist durch faschistische Bedrohung, nicht aber durch faschistische Herrschaft charakterisiert, daher wird jede nicht nur historisierende Darstellung des Faschismus Warn- und Signalfunktionen zu erfüllen haben. Dabei muß immer wieder darauf hingewiesen werden, daß die in der Literatur aufgeführten Studien häufig unter dem Schein wissenschaftlicher Objektivität entweder bedingungslose Verdammung oder eine (zur Zeit der faschistischen Herrschaft offene, vorher und nachher kaschierte) Verherrlichung des Faschismus ausdrücken. Keine dieser Betrachtungsweisen kann dem komplexen, schillernden, vielfältigen und widerspruchsvollen Phänomen des Faschismus gerecht werden.

Schon lange bevor der Faschismus überhaupt imstande war, Menschen zu terrorisieren, faszinierte er sie, und auch späterhin ist die merkwürdige Mischung aus verführerischer Blendung (und Verblendung) und tyrannischem Zwang bezeichnend für die typisch faschistische Kombination von Verzauberung und Versklavung. Viel zuwenig Beachtung wurde bisher der Flexibilität der einzelnen Elemente faschistischer Ideologie geschenkt, obwohl gerade diese »innere Beweglichkeit« wahrscheinlich eine der wichtigsten Bedingungen des faschistischen Erfolges darstellt. Gerade weil die faschistische Ideologie mit grenzenlos dehnbaren Leerformeln operiert, verschwommen und »irrational« ist und eben keine deutlich erkennbare Gesamtstruktur mit fester Verbindung der darin enthaltenen Teilelemente aufweist, können einzelne Faktorenkomplexe leicht isoliert und herausgegriffen werden.

Idealtypisch ist Faschismus gerade durch überflexible »Charakterlosigkeit« charakterisiert, durch absichtlich mangelnde Verankerung der Praxis in bindenden programmatischen Grundsätzen, was wieder, gemäß dem jeweiligen Führerwillen, nahezu unbeschränkte Beweglichkeit und Manövrierfähigkeit in alle Richtungen hin begünstigt. Ebendiese scheinbar undogmatische Flexibilität ermöglicht es dem Faschismus, in den verschiedenen Phasen seiner Entwicklung ganz verschieden zu agieren und zu reagieren. Im Unterschied zu dogmatisch festgefügten Weltanschauungen, die entweder total angenommen oder total verworfen werden, verdichten sich ohne Schwierigkeiten Teilelemente der faschistischen Ideologie zu Kristallisationszentren von Glaubensinhalten, ohne daß dies die Annahme des gesamten faschistischen Ideologieangebots zur Folge hätte.

Daher war es eher die Regel als die Ausnahme, daß während der faschistischen Herrschaft unzählige Menschen das Regime unterstützten oder ihm keinen Widerstand entgegensetzten, weil sie nur einzelne Teile des Parteiprogramms akzeptierten, anderen Teilen jedoch nicht die geringste Sympathie entgegenbrachten. So konnten sie, subjektiv sogar

103

ehrlich, behaupten (oder sich selber versichern), daß sie eigentlich Regimegegner in innerer Emigration waren.

Nicht nur bedeutete diese Art der Einstellung (oder deren Mangel) von Individuen und Gruppen keine Gefahr für das faschistische Regime, sie war sogar die begünstigende Vorbedingung für rasche Faschisierung, sei es durch Extremisierung verbreiteter traditioneller Ansichten, die einem Bevölkerungsteil willkommen oder zumindest nicht zuwider waren, sei es durch das Angebot neuer, scheinbar revolutionärer Lösungsmöglichkeiten, was wiederum den Wünschen eines anderen Bevölkerungsteils entsprach. Empirisch konnte festgestellt werden, daß Einzelelemente rechtsradikalen Denkens jeweils bei verschiedenen Gruppen der Bevölkerung anzutreffen sind, wie bei Erwin K. Scheuch[25] nachzulesen ist.

Jedenfalls ist die unbeschränkte Manipulierbarkeit, Austauschbarkeit und rasche Vergänglichkeit faschistischer Ideologeme, die keinem inneren Zusammenhang, sondern nur dem Führerwillen gehorchen, das Geheimnis des faschistischen Erfolges bei der »Vereinigung« von Bevölkerungsschichten mit grundverschiedenen Ansichten, Bedürfnissen und Interessen.

Die tatsächlichen faschistischen Verhaltensweisen variieren beträchtlich — und für den nicht entsprechend mythologisch indoktrinierten Betrachter verwirrend — in den (regelmäßig unterscheidbaren) einzelnen Stadien:

- der Bewegung,
- der Koalition zwecks Machtergreifung,
- der Koalitionsphase nach der Machtergreifung und
- in der Phase totaler Alleinherrschaft.

Dennoch bleiben gewisse Grundstrukturen des Denkens und Fühlens, der Machtausübung und der praktischen Weltanschauung erkennbar. Heute, nach der in Europa überall erfolgten militärischen Niederlage und Vernichtung des Faschismus als staatlicher Herrschaftsform, gilt es, auf die Kombination typischer Elemente hinzuweisen und deren Entwicklung nicht nur darzustellen, sondern darauf auch sensitiv (wenngleich nicht hysterisch) politisch zu reagieren. Allerdings sind auch hierfür einfallsreiche Strategien erforderlich, da reine Polizeimaßnahmen oder gesetzliche Verbote demokratiegefährdende Bewegungen lediglich in den Untergrund treiben, wodurch ihre Wirkung nur verstärkt wird.

Freilich ist Sorglosigkeit und die Haltung des »Nur net ignorieren« ebenso unangebracht. Denn wie der Sieg des Faschismus in europäischen Ländern zwar nicht unvermeidlich, aber auch wieder nicht völlig unvorhersehbar oder gar zufällig war, ist auch seine militärisch erzwungene Niederlage keineswegs endgültig, solange die Bedingungen, die ihn hervorgebracht haben, weiterwirken oder periodisch neu auftreten. Immer wieder wird der Faschismus von seinen Anhängern als Erneuerung und Befreiung, ja spezifisch psychotherapeutisch als Kur und Heilung (zum Teil der Ganzheit und Ordnung)

105

empfunden; daher kommt es darauf an, auf die Symptome der »sozialen Krankheit der Welt«, die der Faschismus zu heilen verspricht, ebenso hinzuweisen wie auf die fatalen faschistischen Gesundungsstrategien.

Zwangsläufig müssen historisch-politische Begriffe im Laufe der Zeit ihre Bedeutung und ihren Inhalt ändern; zudem ist es unvermeidlich, daß sie bei ihrer Anwendung in der Tages- und Weltpolitik sowohl in der Alltagssprache wie im wissenschaftlichen Gebrauch entweder ungebührlich verengt oder, viel häufiger und noch viel ungebührlicher, ausgeweitet werden. Beispielhaft für dieses, vermutlich unvermeidliche, Schicksal sind eben die Entwicklungsgeschichte und die Anwendungsformen des Begriffs »Faschismus«, der vor, während und nach der Periode faschistischer Herrschaft von allen Seiten als Kampfvokabel mit sehr wechselndem Inhalt und ganz verschiedenen Wertbetonungen verwendet wurde.

Der Versuch, eine schlüssige Begriffsbestimmung oder gar Definition des Faschismus zu finden (die nicht so allgemein ist, daß sie inhaltsentleert wäre), gleicht einer Sisyphusarbeit; fast jeder Autor in der mehr als reichhaltigen Fachliteratur (vom Alltagsgebrauch des Wortes Faschismus ganz zu schweigen) hat seine eigenen Auffassungen, die von denen anderer einigermaßen, manchmal sehr weit, abweichen und zweifellos nicht nur von wissenschaftlichen Einsichten, sondern auch von politischen Haltungen und Zielsetzungen, von Werturteilen und Vorurteilen geprägt wurden. Dennoch habe ich versucht, ein zusammenhängendes, umfassendes Einteilungsschema vorzustellen. Vor allem bemühte ich mich, eine als wissenschaftliche Neutralität getarnte Standpunktlosigkeit ebenso zu vermeiden wie die dezisionistische Willkür des »Wer ein Faschist ist, bestimme ich«.

Ich folgte der Ansicht Eike Hennigs[26], daß eine gesamtgesellschaftliche Theorie des Faschismus ohne die Aufdeckung psychischer Vorgänge und ihrer Bezüge zu den Produktions- und Herrschaftsstrukturen nicht mehr auszukommen vermag und daß daher die in der Literatur einigermaßen vernachlässigten sozialpsychologischen Ursachenkomplexe besondere Bedeutung haben. Diese Überzeugung kommt im Kernstück dieses Essays, den zehn Kategorien des Faschismus-Syndroms, sowie in meinem Konzept des »Ich im Dienste der Regression« zum Tragen.

Bei aller Betonung der Bedeutsamkeit frühkindlicher Eindrücke, die ihrerseits von den politisch-mythologisch instruierten Erziehungspersonen bestimmt werden, erfolgt die entscheidende Formung politischer Haltungen durch fortschreitende Persönlichkeitsbildung in jedem Lebensalter. Mich interessierte denn auch weniger die ohnehin fast unmögliche Einschätzung der Zahl oder des Prozentsatzes seinerzeitiger oder gegenwärtiger Faschisten und Neofaschisten (wie immer diese definiert sein mögen), sondern mehr die dynamischen Prozesse der Faschisierung, durch die zu gewissen Zeiten eine Majorität der Bevölkerung in den betreffenden Ländern Faschismus nicht nur akzeptierte, sondern ihm jubelnd zustimmte.

Daraus geht schlüssig hervor, daß damals und wahrscheinlich auch heute das faschistische Potential (all jene, die einer Faschisierung zugänglich sind) nicht auf ein bestimmtes Volk, eine Bevölkerungsschicht, eine Altersklasse oder auf psychische Strukturen beschränkt ist und daß daher Wirkungsursachen und Wirkungskraft des Faschismus, sein Faszinosum, besonderer Beachtung bedürfen.

Da anzunehmen ist, daß der heutige oder zukünftige Faschismus dank geänderter historischer und sozialer Verhältnisse in anderer Form als der sogenannten klassischen erscheinen wird, kann es nur darum gehen, die nichtidentische Identität von politischen Haltungen und Ideologien, Lösungs- und Herrschaftsstrategien, Denkformen und Gefühlskonstellationen nachzuzeichnen. Denn eben weil sie sich notwendig gewandelt haben, sind sie zwar nicht dieselben geblieben, aber spiegeln doch dieselben Grundmuster wider. Dieser Versuch kann nur durch den Nachweis einer gewissen Kontinuität (ohne Unterschlagung der vielen Diskontinuitäten) gelingen, die allerdings mehr Aussagewert hat als bloß Analogie und Metapher oder gar nur Herabsetzung oder Verherrlichung.

Ob diese in ihren Grundzügen meines Erachtens deutlich erkennbare Kontinuität des paradigmatischen Faschismus, trotz allen Wandels, noch Faschismus genannt werden darf, sollte von philosophischer Reflexion oder von heuristischen Erwägungen entschieden werden, wird aber wohl der Willkür politischer Konvenienz überlassen bleiben. Vieles spricht dafür, das in gewandelter Form auftretende oder drohende neue Phänomen mit einem neuen Namen zu benennen; in absehbarer Zeit besteht jedoch nicht die geringste Aussicht, daß sich Faschisten oder Antifaschisten von der ihnen lieb gewordenen Terminologie (die ebendeshalb wissenschaftlich so schwer zu behandeln ist, weil sie so wertgetränkt ist) trennen werden, so daß auch die gestaltgewandelten, aber richtungsgleichen Tendenzen der Gegenwart als faschistisch bezeichnet werden müssen.

Im folgenden fasse ich noch einmal meine Überlegungen zusammen, jedoch mit einem mehr politisch-praktischen Akzent.

1.
Zwei Funktionen des Faschismus

Die einer zwanghaften Harmonievorstellung entsprechende Vereinheitlichung der eigenen Gruppe, die mit teilweiser oder völliger Aufgabe der eigenen Individualität verbunden ist, findet auf dem Umweg über die Vereinheitlichung des Feindbildes statt und nicht, wie bisher angenommen, umgekehrt. Die Zusammenballung und Zusammenfügung (Kondensation) alles Bösen in einen einzigen, möglichst anschaulichen Feind geht der Einheitsbildung der eigenen Gruppe voraus, da erst die regelmäßig wiederholte, sozial gewendete Projektion allen Übels auf ein einziges Objekt den vorerst scheinbar aggressionsfreien Zusammenschluß der Mitglieder der In-Gruppe ermöglicht. Wegen der dem Feinde zugeschriebenen äußersten Gefährlichkeit, die äußerste Gegenmaßnahmen rechtfertigt, wird auf dessen hohes Organisationsniveau geschlossen: Verdinglicht und konkretisiert erscheint das allumspannende, unsichtbare Netz der internationalen Verschwörungsorganisation von einer Weltzentrale kontrolliert und geleitet.

Schon zu seiner Konstituierung bedarf der Faschismus des einen und einzigen Feindes, der in den verschiedensten Erscheinungsformen, Masken, Verkleidungen und Vermummungen auftritt, die ihn deshalb ganz besonders gefährlich machen, da er immer doch ein und derselbe ist. Die, sei es intuitiv oder aus propagandistischer Notwendigkeit, erfolgende faschistische Entdeckung und Erfindung des vereinten Feindes (und des von ihm abgeleiteten feindlichen Prinzips als Integration alles Bösen) ist eines der wichtigen Erfolgsrezepte des Faschismus, der über ein roh vereinfachtes Feindbild ungehindert die eigene Gemeinschaft vereint und im Haß gegen den gemeinsamen Gegner festigt.

Allerdings ist diese vom Faschismus in wahnhafter Perfektion praktizierte Denk- und Vorgehensweise keineswegs auf Faschisten beschränkt, sondern wird von allen Möchtegernvereinigern nachgeahmt. Übrigens sind auch die sogenannten Antifaschisten nicht vor der Gefahr gefeit, Faschismus, wie immer definiert, als einzigen Feind zu sehen und faschistische oder faschistoide Umtriebe für alles Übel in der Welt verantwortlich zu machen.

Die Faschisten fanden in begeisterter Unterwerfung und Selbstaufgabe in den Führerbefehlen und der gesamten ideologischen Struktur auch Befreiung von individueller Verantwortung und individuellen Zweifeln und wurden damit den Schwierigkeiten und Ambiguitäten moralischer Wahl enthoben; ebenso konnten umgekehrt die Antifaschisten, unbeschadet all ihrer pluralistischen, ideologischen Gegensätze, im Faschismus nicht nur den klar identifizierbaren eigenen Feind, sondern auch den Inbegriff alles Verabscheuenswerten, eine Art moralischen Nullpunkts, erblicken und als solchen fixieren. Per Definition war alles übel und böse, was

111

sich mit dem Faschismus verbündete, ihm ähnelte, ihn subjektiv oder objektiv förderte und von der Berührung oder der Ähnlichkeit mit dem Faschismus besudelt war. Umgekehrt war alles, was, aus welchen Gründen auch immer, den Faschismus bekämpfte oder ihm widerstand, gut und begrüßenswert.

Seit dem Verschwinden der faschistischen Regime, wenn auch nicht der faschistischen Impulse und der faschistischen »Gefahr«, ist diese moralische Selbstgewißheit für Faschisten und Antifaschisten gleichermaßen, nur mit je umgekehrten Vorzeichen, weitgehend verlorengegangen. Krampfhafte Bemühungen zu ihrer Wiederherstellung werden durch Analogien, Übertreibungen und Entstellungen unternommen. Der Versuch, alles, was in eine subjektiv beurteilte, unerwünschte Richtung geht, als faschistoid oder potentiell faschistisch erkennen zu wollen, dient zwar auch der Gründung einer, inhaltlich freilich nichtssagenden, Allianz aller Gutgesinnten. Vor allem aber wird damit dem Bedürfnis entsprochen, eine über alle Zweifel erhabene angst- und schuldfreie, automatische, moralische Urteilsfähigkeit zurückzugewinnen.

Wie stark dieses Bedürfnis ist, geht unter anderem auch daraus hervor, daß selbst die Opfer des Faschismus sich der elenden alten Zeit als einer heroischen Periode erinnern, in der sie, trotz unglaublicher Entbehrungen und lebensgefährlicher Bedrohung, dennoch innerlich ruhig und gefestigt waren. Man war sich, im Gegensatz zur heutigen verwirren-

112

den Komplexität der Beurteilung politischer und moralischer Probleme, ganz gewiß, was man zu denken, zu fühlen und zu tun hatte, nämlich die faschistischen Terrorregime und alles, was mit ihnen zusammenhing, zu bekämpfen.

Nach der Niederlage der Faschisten fehlte den Antifaschisten plötzlich ein erkennbarer Feind; viele suchten und fanden ihn im Kommunismus, der in Totalitärlinksfaschismus umgetauft wurde. Die meisten jedoch waren innerlich aufgewühlt und enttäuscht darüber, daß das Böse in der Welt, das bis dahin ausschließlich dem Faschismus zugeschrieben werden konnte, weiterwirkte und keineswegs verschwunden war. Vor allem aber gelingt die Verleugnung und Verdrängung eigener Tendenzen, die faschistisch genannt werden (der Faschist in uns), um so schwerer, je weniger die Möglichkeit besteht, diese Tendenzen in einem äußeren Feind zu orten oder auf ihn zu projizieren.

Unmittelbar nach dem Zusammenbruch der faschistischen Herrschaft drückten sich die Versuche zur Wiedergewinnung moralischer Selbstgewißheit in zwei miteinander verbundenen, gegensätzlichen Behauptungen aus: einerseits, daß die Gesamtbevölkerung der ehemals faschistisch regierten Staaten faschistisch gewesen und daher mit Kollektivschuld belastet sei, und andererseits, daß alle dem faschistischen Terror nur unterworfen waren und mit Ausnahme der Führerclique ohnehin niemand oder fast niemand dafür und dabei war.

Die Auffassung des Faschismus als totaler Bruch

mit der Vergangenheit und Tradition, als historische Episode, tragisches Zwischenspiel, einmaliges Ereignis oder als Resultat der Massenpsychose und Verführung durch dämonische oder verbrecherische, wahnsinnige Führer etc. erspart durch Psychopathologisierung einer ganzen Epoche die echte innere und äußere Auseinandersetzung mit dem Phänomen, das, auf historische Einmaligkeit beschränkt, daher auch nicht weiter problematisch zu sein braucht.

In diesem Zusammenhang ist bemerkenswert, daß die westlichen Befürworter einer scharf dichotomen Trennung zwischen den parlamentarisch-demokratischen Systemen der Freiheit und den Systemen der totalitären Unfreiheit, bei aller Betonung des schier manichäischen Gegensatzes, dennoch mit manchen Methoden und Praktiken des Totalitarismus kokettieren. Wiewohl sich die Demokratien doch gerade durch diese Wertschätzung individueller Freiheit und durch die Garantie von Freiheitsräumen von den totalitären Staaten, welche Menschenrechte (im Sinne der Demokratie) geringschätzen, grundsätzlich unterscheiden wollen, hört man immer wieder anerkennende Äußerungen: In den totalitären Staaten gebe es beneidenswerterweise keinen Terrorismus und weniger Gewaltverbrechen, die von keinen demokratischen Kompromißnotwendigkeiten und Verzögerungen gehinderte totalitäre Regierungstätigkeit funktioniere schneller und wirksamer, die im Westen für den Frieden demonstrierenden Gruppen sollten »das doch einmal im Osten

114

versuchen« (mit dem von allen verstandenen hämischen Hinweis, daß dort eine derartige Ausnützung der Freiräume ausgeschlossen sei) etc.

Könnte es sein, daß heute wie eh und je gerade diejenigen, deren Demokratieverständnis sie zum unversöhnlichen Kampf gegen den Totalitarismus zwingt, den von ihnen immer wieder denunzierten und geschmähten Totalitarismus klammheimlich bewundern und beneiden?

2.
Die Koalitionsfähigkeit

Faschismus war und ist vermutlich nach wie vor eminent koalitionsfähig, wenn auch keineswegs immer koalitionswillig. Die historische Betrachtung des klassischen Faschismus erweist, daß er niemals an die Macht gelangt wäre ohne tatkräftige Unterstützung der vor ihm herrschenden Mächte, die nach Ansicht einiger dem Faschismus sogar nachgelaufen seien, um ihm ihre Hilfe aufzudrängen. Es scheint historisch erwiesen, daß Faschismus noch nirgends jemals ohne eine derartige Unterstützung zumindest eines großen Teils der herrschenden Schichten seine Macht, die sich dann allerdings häufig gegen seine ehemaligen Unterstützer richtete, etablieren konnte.

Für die heutige Betrachtung ist es nicht einmal so wichtig, zu erforschen, welche Kreise den Faschismus aus welchen Gründen unterstützten; interessant ist vielmehr, daß sie grundsätzlich bereit waren, dies zu tun, was in bezug auf andere Richtungen mit Totalitarismusanspruch, z. B. den Kommunismus, undenkbar wäre. Die in Demokratien herrschenden wirtschaftlichen und politischen Mächte, mögen sie die Methoden und Ziele des Faschismus noch so sehr fürchten und verabscheuen, werden dennoch, zumindest unter gewissen Umständen, viele Gemeinsamkeiten mit denen erkennen, die, vielleicht mit falschen und unmäßigen Mitteln, doch grund-

116

sätzlich das »Rechte«, nämlich dasselbe wie sie selbst wollen. Da der Faschismus sich auch auf vorgefundene Traditionen beruft und schon bestehende Ungleichheiten, Vorurteile und gängige Trivialmythen maximal ausnützt, erscheint er den kapitalistischen Mächten keineswegs wesensfremd oder als das »ganz andere«, wie etwa der Kommunismus; eher sieht man ihn als einen etwas verkommenen Verwandten, der sich potentiell zum Bundesgenossen eignet und unter bestimmten Umständen zu einem solchen wird.

Die grundsätzliche, latent vorhandene Affinität zwischen kapitalistischer Macht und Faschismus ist leicht erklärlich. Dieser kann seinen Aufstieg nur durch Extremisierung schon vorhandener und ihm vorgegebener, nationalistischer, militärischer und sozialer Traditionen bewerkstelligen, während jene bei allem Widerwillen gegen Vulgarität und gewalttätige Methoden dennoch klar erkennen, daß ihrer wesentlichen Machtposition und Einflußsphäre von dieser Seite her (im Unterschied zu den Linken) keine echte Gefahr droht.

Ebendiese grundsätzliche Affinität läßt es möglich erscheinen, daß sich faschistische Ideologien und faschistische Handlungsmuster in bestehende demokratische Parteien und andere Organisationen einschleichen und auf diese Weise schon innerhalb des demokratischen Gefüges durch chauvinistisch-populistische Parolen und gewalttätiges Imponiergehabe Einfluß und Macht gewinnen.

117

3.
Die Attraktivität
von Ideologiefragmenten

Die faschistische Ideologie, die vor allem in An-
fangs- und Bewegungsphasen deutlich hervortritt,
steht für zahlreiche Beobachter im Mittelpunkt des
Interesses, da sich nach Verschwinden der faschistischen Herrschaftssysteme die Behauptung des Wei-
terbestehens oder Wiederauflebens im Neofaschis-
mus auf eine Fortdauer dieser Gedankengänge und
Gefühlskonstellationen berufen muß. Bisher wurde
allerdings fast immer (trotz aller Ambivalenz und
scheinbar paradoxer Widersprüchlichkeit der einzelnen Elemente) nur von einer geschlossenen faschistischen Weltanschauung gesprochen; ja die vorzei-
tige Schließung des paranoiden Weltbildes zu
Zwecken der Vermeidung von Angst vor Vieldeu-
tigkeit und Komplexität wurde als typisches Merk-
mal hervorgehoben.

Genaue Betrachtung (die übrigens durch empiri-
sche Untersuchungen von Robert J. Lifton[27] bestätigt wurden) erweist jedoch, daß der Massenappell
des Faschismus auch darauf beruht, daß einzelne
Elemente der Ideologie, aus dem Zusammenhang
herausgebrochen und fragmentiert, sozusagen als
Einzelstück zum Kern einer nach paranoider Art
schnell geschlossenen Weltanschauung werden können. Diese Möglichkeit der Identifizierung mit und
Verinnerlichung von Bruchstücken faschistischer

Ideologie erlaubte es den Schichten, Gruppen, Klassen und Individuen mit verschiedensten Interessen und divergenten Vorurteilen, aus der reichen Angebotspalette des Faschismus das zu wählen, was in die jeweilige Interessen- und Vorurteilsstruktur hineinpaßt. Dabei konnten von Individuen und Gruppen die weniger akzeptablen Teile des programmatischen Angebots ignoriert, abgelehnt und verworfen werden; der Einstieg in die faschistische Ideologie fand häufig über zündende Slogans statt, die an die verschiedenartigsten Interessen und Gefühle appellierten und als Köder dienten.

Eben durch das überwältigend große und vielfältige Angebot schien es nur allzuleicht, vorerst in irgendeiner Weise an dem bewegenden nationalen Erlebnis teilzunehmen, wobei subjektiv die nahezu unbeschränkten Möglichkeiten mentalen Rückzugs und innerer Emigration offenstanden. Daher war es denn auch für viele möglich, sich schon während der faschistischen Herrschaft, aber besonders häufig nach deren Ende, »eigentlich« als Oppositionelle fühlen und ausgeben zu können.

Analytisch erscheint die Ansammlung heterogener und widersprüchlicher, gleichsam willkürlich zusammengewürfelter Elemente in der faschistischen Ideologie, die um so weniger ein kohärentes Ganzes ist, je mehr sie sich als solches gebärdet, als irrational und zusammenhanglos. Gerade dies aber, ihre Brüchigkeit, die Austauschbarkeit und Entbehrlichkeit der einzelnen Elemente, d. h. die oft herablassend gerügte theoretische Schwäche und tatsächliche Dummheit der faschistischen Ideologie, macht ihre Wirkungsstärke aus.

Nur weil es, zu Zwecken der Rekrutierung, dem Faschismus völlig genügte, daß lediglich einzelne, voneinander verschiedene Bruchstücke seiner Ideologie angenommen werden, waren der Faschisierung erstaunlich schnelle Erfolge beschieden. Und es gelang (zumindest bevor Interessen- und Ideologiekonflikte in unerbittlichen Cliquenkämpfen und Intrigen aufbrachen), die Vereinigung verschiedenartiger Bedürfnisse und Interessen unter dem faschistischen Banner zu erreichen (oder vorzutäuschen).

4.
Das konservative Element
des Faschismus

Faschismus ist zutiefst konformistisch, trotz seiner revolutionären Rhetorik. Zwar will er scheinbar vieles oder sogar alles, selbstverständlich zu seinen Gunsten, ändern, aber nur, um einen ursprünglichen Zustand zu verwirklichen, in dem natürlich die eigene Rasse oder Nation, Volksgemeinschaft oder Staat hierarchisch die höchste Stellung einnahm. Nach faschistischer Auffassung ist die moderne Dekadenz die Ursache für die Verschiebung und Verzerrung der »natürlichen« Verhältnisse, die restauriert werden müßten, um das einzig richtige, gerechte und organische Kräfteverhältnis wiederherzustellen.

Die Einschätzung und Gestaltung sozialer Verhältnisse beruht auf der Überzeugung von der vorgegebenen, unwandelbaren Ungleichheit der Menschen aufgrund ihrer höheren oder niederen, unwandelbaren Wesensmerkmale, die durch natürlich überlegene Intelligenz und Gemütstiefe oder, noch verläßlicher, durch biologische (d. h. biologisierte und ontologisierte) Eigenschaften immer und für alle Zeiten festgelegt sind. Diese von jedem menschlichen Entschluß und jeder menschlichen Leistung unberührte Ungleichheit wird, übertrieben und stilisiert, zum alleingültigen Einteilungsprinzip und rechtfertigt dann einen primitiven Faschismus mit seinem uneingeschränkten Sozialdarwinismus.

Man kann Anschauungen des Menschen über den Menschen in zwei große Gruppen einteilen: Diejenigen, die an die Veränderungsfähigkeit, an die Erziehungs- und Entwicklungsmöglichkeiten des Menschen glauben und diejenigen, die daran festhalten, daß der Mensch einer wesentlichen Wandlung nicht fähig ist und derartiges daher gar nicht einmal versucht werden sollte. Die einen sehen den utopisch wünschenswerten Zustand in der Vergangenheit (z. B. in der Vorstellung des Paradieses, aus dem wir durch eigene Schuld vertrieben wurden), die anderen in der Zukunft, die durch unser eigenes Bemühen besser und menschlicher gestaltet werden kann.

Die totalitäre Spielform der Wandlungsgläubigkeit verwendet Zwangserziehung und Zwangsbeglückung im Sinne universalistischer Gleichheitsansprüche. Werden jedoch die Wandlungsskeptiker totalitär, eliminieren sie ihre Gegner, die ja für keine Erziehung tauglich sind und deren Sünde nicht in dem besteht, was sie tun, denken oder fühlen, sondern in dem, was sie sind und ewig bleiben müssen.

Der Faschismus steht am äußersten Rande des Spektrums derer, die an der Unveränderlichkeit und zivilisatorischen Unbezähmbarkeit des Menschen festhalten, Werturteile aufgrund vorgegebener Ungleichheiten fällen und dann entsprechend handeln. Ihnen laufen unter anderem auch die vielen zu, die,

122

von der Nichteinlösung des Gleichheitsversprechens enttäuscht, der mühsam zähen Erziehungs- und Selbsterziehungsarbeit müde, es sich nun endlich leichtmachen wollen, indem sie jede Veränderungsabsicht aufgeben und bereit sind, das als schön und wahr anzusehen, was ohnehin ist (oder einmal war und wieder sein wird). So gelang es dem Faschismus eine Zeitlang, die kollektiven Bemühungen des Volkes nicht für die Gestaltung der eigenen Zukunft, sondern für die Wiedererrichtung eines romantisch verklärten, utopischen Urzustands zu mobilisieren.

Scheinbar aufgrund von Geboten höherer Intuition, aber tatsächlich sehr durchdacht und rational gesteuert, wurden die unbefriedigten Sehnsüchte zu seelischen Bedürfnissen umgeformt und konkretisiert, um dann durch symbolische Aktionen, die oft von echten Bedürfnissen ablenken sollten, befriedigt zu werden. Der wahrscheinlich bedeutsamste politisch-psychologische Beitrag des Faschismus bestand in der praktischen Verbindung des Glaubens an die grundsätzliche Unveränderlichkeit des Menschen mit dem Wissen um dessen nahezu unbeschränkte kollektive und individuelle Manipulierbarkeit.

5.
Technologie und Romantizismus

Unter den vielen ambivalenten Widersprüchlichkeiten faschistischer Haltungen ist vielleicht die Mischung von technologischer Besessenheit mit archaisierendem Romantizismus am auffallendsten. Diese scheinbar paradoxe Verbindung ist für den Faschismus ungemein charakteristisch.

Mit allen Mitteln wird das technologische (und psychologische) Potential moderner Möglichkeiten mobilisiert, durchorganisiert, durchgesetzt und gleichzeitig im Namen eines mythologisierten uralten Zustandes als traditions- und wertfeindlich denunziert. Im selben Schritt werden die Errungenschaften der Zivilisation (technologisch-materielle Kultur) verhöhnt und zur Erneuerung der Kultur (moralisch-geistige Zivilisation) maximal gefördert und eingesetzt. (In nationalsozialistischer Sprachregelung würde dies etwa heißen: Vorwärts mit dem Computer zurück in den Teutoburger Wald).

Die Verwendung avancierter, komplexer Technologie zur vorgeblichen Verwirklichung archaischer Zielvorstellungen (die selbst manipulierte Produkte avancierter Psychologie sind) mag als kollektives Äquivalent der Vorgänge angesehen werden, die als »Ich im Dienste der Regression« beschrieben wurden. Das funktionsfähige, wirklichkeitsgerechte, praktisch realistische Kollektiv, das durchaus imstande ist, Ruhe und Ordnung herzustellen,

124

Arbeitslosigkeit zu bekämpfen, Bettler abzuschaffen, Züge pünktlich eintreffen zu lassen, tüchtig zu produzieren (und Tüchtigkeit zu produzieren), stellt sich in den Dienst irrationaler, nicht zu verwirklichender, ja wahnhafter regressiver Ziele.

6.
Gewalt und Opferbereitschaft

Das faschistische Intimverhältnis zur Gewalt ist wohlbekannt; die Anpreisung und rücksichtslose Anwendung von Gewalt gehören zum unumgänglichen Bestand jeder faschistischen Theorie und Praxis. Nun sind auch andere Herrschaftssysteme, vor allem die totalitären, aber auch militärdiktatorische, konservativ autoritäre und sogar lupenrein demokratische Regime keineswegs zimperlich in der Anwendung von Gewalt, die nahezu immer als defensiv, als Notwendigkeit und Pflicht rationalisiert werden kann.

Faschismus jedoch verwendet Gewalt nicht nur bedenkenlos und schnell, sondern auch lieber als alle anderen Mittel. Für Faschisten oder diejenigen, die es werden wollen, ist Gewalt stark libidinös besetzt und sexualisiert. Gewalt ist Liebesersatz oder besser Liebesobjekt, da Gewalt (wie es bei der echten Liebe sein soll), nicht nur wegen eigener Bedürfnisbefriedigung und wegen anderer Vorteile vorgezogen, sondern um ihrer selbst willen geliebt wird.

Natürlich wird in der faschistischen Ideologie Gewalt in jeder Form verherrlicht, symbolisiert und mythologisiert: Gewalt als schauererregendes Drama und ästhetisches Vergnügen, Gewalt als Augenblick der Wahrheit und der Selbstfindung, als reinigendes, großes Erlebnis, Gewalt als einziges männliches, ehrliches, entscheidendes Konfliktlösungsmittel, Krieg als Stahlbad und große Reinigung etc. (übrigens wird in der faschistischen Literatur der Eindruck erweckt, daß auch nach dem unabwendbaren Endsieg das gewalttätige Kämpfen ewig weitergeht). Aber weder die ständige Praxis der Gewalt und ihre symbolische Überhöhung noch das sadomasochistische Deutungsmodell, das faschistische Gewaltausübung durch Gleichsetzung mit einer perversen sexuellen Abartigkeit erklärt, können hinreichende Aufschlüsse über die innige, inbrünstige Hingabe der Massen an den jeweiligen Meister und seine verworrenen Ideen geben.

Diesen oft rauschhaften Wunsch nach Vereinigung und Verschmelzung, der die Vernichtung der Individualität, des Selbst, nicht nur hinnimmt, sondern als lustvoll anstrebt, gibt es sonst nur im Drogenrausch oder in der Liebe, die tatsächlich auch im Faschismus durch ständig wiederholte Treueschwüre bekräftigt werden muß. Die in den Liebesbann geschlagenen Verzückten lechzen nach Bewährung durch Opferfreude und stellen ohne Angst und Schuldgefühle ihre Abhängigkeit schamlos und ostentativ zur Schau. Der faschistische Lenker und Leiter ist dann nicht nur der harte, Disziplin erzwingende Führer und der Furcht und Respekt erregende große Terrorist, dem man sich unterwirft, sondern wird zum großen Verführer, dem man sich freudig hingibt.

V.
Ausblick

Heute hat Faschismus in seiner traditionellen, gewohnten Form wenig Aussicht, in Europa oder in den USA wieder zu reüssieren. Dennoch ist die Gefahr groß und zunehmend, daß ein in seinen Konturen noch sehr vager neuer Faschismus wiederum die demokratischen Institutionen und Lebensweisen bedroht. So wandelbar und teilweise gegenwärtig noch unerkennbar diese Ausdrucksformen sein mögen, ist doch anzunehmen, daß der neue Faschismus durch die zehn Kategorien des Faschismus-Syndroms und zusätzlich durch die von mir genannten weiteren Kriterien (Vereinheitlichung des Feindbildes, Koalitionsfähigkeit, Bruchstückidentifizierung, Konformismus, Technologiebesessenheit und Romantizismus, Sexualisierung der Gewalt) charakterisiert wird.

Wie schon ausgeführt, ist das Hervortreten einer oder selbst mehrerer dieser Tendenzen noch nicht bezeichnend für faschistische Gefahr oder gar für Faschismus; sind doch die meisten dieser Elemente ansatzweise auch und besonders in demokratischen Systemen deutlich erkennbar. Jede Bewegung jedoch ist faschismusverdächtig oder faschismusanfällig, welche die obenerwähnten Elemente überbetont und miteinander verknüpft, also etwa lustbetont praktizierte Gewalt um ihrer selbst willen, die archaisch-romantische Ideen mit dem Raffinement

130

technologischer Hilfsmittel durchsetzen will. Dasselbe gilt für Gruppierungen, die konformistisch die bestehenden Herrschaftsverhältnisse um jeden Preis auch mit Gewalt zu verewigen versuchen und zu diesem Zwecke unbeschadet der Ideologie zu jeder Koalition bereit sind oder die durch ein uneinheitliches, gemischtes Angebot von Befriedigungen populistisch an alle Bevölkerungskreise appellieren und durch Vereinheitlichung des Feindbildes radikale politische Ziele verwirklichen wollen.

Wie eine Reihe anderer Autoren bin auch ich der Ansicht, daß die Auswirkungen schwerer Wirtschaftskrisen wichtige, wahrscheinlich unerläßliche auslösende Momente für Faschisierung darstellen, daß aber diese Faschisierung keineswegs nur durch Bezug auf ökonomische Entwicklungen erschöpfend erklärt werden kann. Zunehmende Arbeitslosigkeit, vor allem Jugendarbeitslosigkeit, nicht zu bewältigende wirtschaftliche Schwierigkeiten mit tatsächlicher oder relativer Verarmung und der Angst vor Verlusten und Deklassierung sind, wie wohlbekannt, unerläßliche Vorbedingungen für radikale Veränderungen.

Es sind aber nicht nur die Härten tatsächlicher wirtschaftlicher Not, die potentiell zu Radikalisierung und Faschisierung führen, sondern vielmehr das allgemeine Gefühl von Hoffnungs- und Ausweglosigkeit, gepaart mit dem, häufig manipulierten, Verdacht, vom Schicksal oder von anderen Mächten ungerecht behandelt worden zu sein. Nach Fehlschlagen aller konventionellen Lösungsversuche empfehlen sich extreme, weitgehend symbolische Lösungen zur Steigerung des eigenen Selbstgefühls, das sakral überhöht als Würde erlebt wird.

Dabei haben Wirtschaftskrisen eine doppelte Funktion: Die Massen, die unter der Krise leiden (und vor allem auch die, welche fürchten, von ihr schließlich ergriffen zu werden), suchen verzweifelt nach neuen Lösungen, während die Herrschenden, nahezu ebenso verzweifelt wie die Beherrschten, willig sind, mit radikalen Gruppen, die ihrerseits zu Zwecken der Machtergreifung koalitionswillig sind, enge Verbindungen einzugehen. Der durch unüberwindliche Krisen hervorgebrachte Vertrauensverlust betrifft somit nicht nur die von der Krise betroffenen Schichten, sondern auch jene Mächte, die mit ansehen müssen, daß die von ihnen geschaffenen und getragenen Institutionen der Krise nicht Herr werden können.

Wegen der Bedeutung wirtschaftlicher Determinanten für das Manifestwerden latenter faschistischer, mobilisierbarer Sympathien sind daher alle Maßnahmen zur Krisenverhütung und Krisenbewältigung besonders wichtig. Jedoch eingedenk der Erkenntnis, daß Faschismus eine falsche, irregeleitete und irreleitende und daher zerstörerische Antwort auf richtige Fragen und echte, unerfüllte Bedürfnisse ist, dürfen sich die Demokratien nicht mit materieller Befriedigung allein zur Abwehr faschistischer und anderer Gefahren zufriedengeben. Faschismusanfälligkeit ist vor allem verursacht durch echte psychische Not, durch »spirituelle« Krisen, die viel dringender nach ideologiegefärbter, psychologischer Erleuchtung und Erlösung als nur nach vernünftiger Diskussion verlangen.

Freilich ist vieles, was subjektiv als spirituelle, psychische Not, als Identitätsverlust, Sinnkrise, Vereinsamung erlebt wird, durch ökonomische Faktoren zumindest mitbestimmt. Besonders ungefestigte Jugendliche, aber auch ungezählte andere, die ihre institutionellen Sicherungen in Gefahr glauben oder verlieren, geben dann ihren verständlichen und an sich keineswegs verächtlichen Wünschen nach Orientierung, Geborgenheit und Zusammengehörigkeit nach und schließen sich betont dynamischen, »jungen« Bewegungen an, die Kameradschaft und Einsatzbereitschaft, Aufopferungsfreude, »Selbstlosigkeit«, Disziplin und Gehorsam betonen. Um den harten Kern der Indoktrinierer und Indoktrinierten können sich derart Individuen gruppieren, die, vorerst politisch neutral, durch ihre wirtschaftliche und seelische Not zu Sympathisanten und schließlich zu Mitläufern und enthusiastischen Parteigängern werden.

Das Faszinosum des Faschismus wird durch das Versprechen von Sofortlösungen, eines radikal Neuen, das ewig dauern wird, verstärkt und mobilisiert unter gewissen materiellen und psychologischen Bedingungen Idealismus und Hingabefähigkeit. Gebraucht zu werden und im eigenen Lebenskreis eine wichtige Funktion auszuüben — das sind die attraktiven Angebote von Bewegungen, die raffiniert die allgemeine Unzufriedenheit sowohl bündeln wie schüren und ausnützen und die eine verläßliche Garantie zum Überkommen der Ohnmachtserfahrung zu bieten scheinen. Denn Geltung wird erworben durch die Fähigkeit zu wirksamer Vergeltung.

In einer allgemeinen Krisenstimmung hat die Philosophie und Ästhetik der Härte gute Chancen, über die tatsächlich oder vermeintlich »weichen« Methoden der Kompromißbereitschaft, der Toleranz und Permissivität zu triumphieren. Der trotz aller revolutionären Rhetorik im Faschismus ausgedrückte Konformismus bietet Gewähr dafür, daß man angeblich alles ändern kann, ohne sich dabei selbst ändern zu müssen. Konventionell erzwungene »Tugenden« wie Arbeitsfreude, Ordnungsliebe, Pünktlichkeit etc. werden mit ideologischer Sinngebung erfüllt, und die Gruppe bietet kostenlose Beratung und praktische Lebenshilfe in jeder Situation.

Aus eigener Anstrengung brauchen im Faschismus keine alternativen Lebensformen entwickelt zu werden, da die erforderlichen Verhaltensweisen, von oben her befohlen, völlige Entlastung von Verantwortung ermöglichen. Die Gelegenheit zur Identifizierung mit Bruchstücken des faschistischen Angebots erlaubt allerdings auch die Befriedigung scheinbar völlig entgegengesetzter Bedürfnisse nach Rebellion und Tabuverletzung durch Befriedigung der Suche nach dem Abenteuer im Alltag. Hier ist z. B. an Rockergruppen zu erinnern, die durch ideologische Anpassung und Gewaltanwendung sich als hoffnungsvolle Kandidaten der Zugehörigkeit zu faschistischen Gruppen qualifizieren.

Faschismus ermöglicht lautstarken, weithin sichtbaren Protest gegen die bestehende Gesellschaft, ohne diese jedoch in ihren Grundfesten zu bedrohen. Die von der starken In-Gruppe automatisch sanktionierten Protestäußerungen einschließlich destruktiver Gewalt gestatten ein Aussteigertum, das dennoch nicht Isolation und Ächtung bedingt, aber zumindest kurzfristig Depression, Passivität und selbstzerstörerische Flucht, z. B. in Alkohol, Drogen oder Selbstmord, vermeidet.

Ebendas weitgefächerte faschistische Angebot gibt dem Starken oder sich stark Fühlenden die Möglichkeit, diese Stärke auszutoben, und dem Schwachen die Möglichkeit, sie zu kompensieren und die Sinnsuche nach einem starken Ich zu befriedigen. Immer ist die strikte Rollenzuweisung, die zwar unbedingte Unterwerfung erfordert, aber gleichzeitig auch einen eigenen Machtbereich definiert, von entscheidender psychologischer Bedeutung, weil durch Disziplin und Hingabe scheinbar eine Aufgabe erfüllt und ein Lebenssinn gefunden werden kann.

Verlust der Freiheit ist für diejenigen kein Schreckgespenst, die trotz Ausübung dieser Freiheit, aus welchen Gründen persönlicher oder allgemeiner Natur auch immer, chronisch unbefriedigt bleiben. Daher sind die wahrhaft wirksamen Abwehrmaßnahmen der offenen Gesellschaft und der Demokratien gegen ihre Feinde nicht Polizeimaßnahmen, Verbote oder rhetorische Manipulation (unter

135

Nachahmung der »faschistischen« Betonung eines vereinheitlichten Feindbildes), sondern energische Anstrengungen, nicht nur materielle Bedürfnisse zu befriedigen und die formalen Erfordernisse demokratischer Verfassungen zu erfüllen, sondern den demokratischen Institutionen und deren Lösungspotential neue Glaubwürdigkeit zu verleihen.

Experimentierfreude, Bereitschaft zu notwendigen sozialen Veränderungen, Transparenz und unnachsichtige Verfolgung von Parasitentum, Korruption und verborgener Verfilzung, Bekämpfung des Übermuts der Ämter und der Herrschaftswillkür, in anderen Worten alles, was zur Stärkung und zur dynamischen Entwicklung demokratischer Vorgangsweisen und zur Durchsetzung neuer Inhalte im demokratischen Rahmen beiträgt, ist unter Verzicht auf Imitation faschistischer Methoden das wirksamste Mittel, sich gegen diese erfolgreich und auf die Dauer zur Wehr zu setzen.

Anmerkungen

1. Adorno, Theodor W./Horkheimer, Max, u. a.:
   Der autoritäre Charakter. Studien über Autorität und Vorurteil, Frankfurt 1968/69
2. Rokeach, Milton: *The Open and the Closed Mind: Investigations into the Nature of Belief Systems and Personality Systems*, New York [7]1970
3. Roghmann, Klaus: *Dogmatismus und Autoritarismus*, Königstein 1966
4. Durkheim, Émile: *Erziehung, Moral und Gesellschaft*, Frankfurt 1984
5. Gumplowicz, Ludwig: *Grundriß der Soziologie*, Aalen/Württ., 1973;
   sowie *Sozialphilosophie im Umriß*, Aalen/Württ. 1969
6. Grossarth-Maticek, Ronald/von Boor, Wolfgang, u. a.: *Ursachen des Terrorismus in der Bundesrepublik Deutschland*, Berlin 1978
7. *5 Millionen Deutsche: »Wir sollten wieder einen Führer haben . . .« Die Sinus-Studie über rechtsextremistische Einstellungen bei den Deutschen*, Reinbek 1981
   Außerdem in diesem Zusammenhang interessant:
   Silbermann, Alphons: *Sind wir Antisemiten? Ausmaß und Wirkung eines sozialen Vorurteils in der Bundesrepublik*, Köln 1982;
   sowie

137

Noelle-Neumann, Elisabeth/Köcher, Renate: *Die verletzte Nation,* Stuttgart [2]1988

8. Mitscherlich, Alexander u. Margarete: *Die Unfähigkeit zu trauern. Grundlagen kollektiven Verhaltens,* München [14]1982

9. Jensen, Arthur R.: *Educability and Group Differences,* London 1973; sowie *Genetics and Education,* London 1972

10. Eysenck, Hans J.: *Die Ungleichheit der Menschen. Ist Intelligenz erlernbar?,* Berlin 1989; sowie *Intelligenz. Struktur und Messung,* Berlin 1980

11. Wilson, Edward O.: *Biologie als Schicksal: die soziobiologischen Grundlagen menschlichen Verhaltens,* Frankfurt 1980; sowie *Genes, Mind and Culture: the Coevolutionary Process,* Cambridge/Mass. 1981

12. Festinger, Leon: *Theorie der kognitiven Dissonanz,* Stuttgart 1978

13. Gehlen, Arnold: *Anthropologische und sozialpsychologische Untersuchungen,* Hamburg 1957; sowie *Philosophische Anthropologie und Handlungslehre,* Frankfurt 1983 (Gesamtausgabe Bd. 10)

14. Koestler, Arthur: *Janus, a summing up,* London 1978; auf deutsch: *Der Mensch − Irrläufer der Evolution. Die Kluft zwischen Denken und Handeln/Eine Anatomie menschlicher Vernunft und Unvernunft,* Frankfurt 1989

15. Spengler, Oswald: *Der Untergang des Abend-*

landes. Umriß einer Morphologie der Weltge-schichte, 2 Bde., München 1920

16. Lazarsfeld, Paul/Jahoda, Marie/Zeisl, Hans: *Die Arbeitslosen von Marienthal,* Frankfurt 1975
17. Freud, Sigmund: *Die Traumdeutung* (1900); *Zur Psychopathologie des Alltagslebens* (1901); *Totem und Tabu* (1913); *Vorlesungen zur Einführung in die Psychoanalyse* (1917) — alle in: *Gesammelte Werke,* Studienausgabe, Frankfurt 1969—1975
18. Hartmann, Heinz: *Ich-Psychologie. Studien zur psychoanalytischen Theorie,* Stuttgart 1972
19. Reich, Wilhelm: *Die Massenpsychologie des Faschismus,* Köln 1986
20. Mahler, Margret S.; Pine, Fred; Bergmann, Anni: *Die psychische Geburt des Menschen. Symbiose und Individuation,* Frankfurt 1982
21. Theweleit, Klaus: *Männerphantasien,* 2 Bde., Hamburg 1981
22. Fromm, Erich: *Anatomie der menschlichen Destruktivität,* Stuttgart 1974
23. Freud, Sigmund: *Das Unbehagen in der Kultur,* (1930), in: *Gesammelte Werke,* Studienausgabe, Bd. IX, Frankfurt 1974
24. Kris, Ernst: *Die ästhetische Illusion,* Frankfurt 1977
25. Scheuch, Erwin Kurt (Hrsg.): *Zur Soziologie der Wahl,* Köln 1968
26. Hennig, Eike: *Bürgerliche Gesellschaft und Faschismus in Deutschland. Ein Forschungsbericht,* Frankfurt 1977

27. Lifton, Robert J.: *The Life of the Self: towards a New Psychology,* New York 1976
Außerdem für dieses Problem sehr interessant: *Thought Reform and the Psychology of Totalism: A Study in »brain-washing« in China,* New York 1961 vom selben Autor

Hoimar v. Ditfurth

Innenansichten eines Artgenossen

432 Seiten, gebunden, Schutzumschlag

Am Anfang steht die Ankunft aus dem Nichts. Am
Ende ist die Rede von der Zukunft des Universums. In
den Kapiteln dazwischen: das überraschende Porträt des
menschlichen Artgenossen, der dem Irrtum erlegen ist,
sich als ein reines Geistwesen zu betrachten.
In seinem thematisch umfassendsten Buch bedient sich
Hoimar v. Ditfurth eines autobiographischen Gerüsts,
um die Aspekte zu untersuchen, die das Selbstverständ-
nis des Menschen, seine Konstitution und seinen Platz
im Universum ausmachen. So beantwortet er die Frage,
warum wir die Welt unserer Anschauung mit der Realität verwechseln. Oder ob unsere Existenz auf Zufall
beruht, wo sie sich doch zurückverfolgen läßt bis zur Ur-
zelle. Oder welche Bedeutung das Leben des heutigen
Menschen hat, des Neandertalers der Zukunft, in einem
Kosmos, der noch sechzig bis achtzig Milliarden Jahre
neue Formen des Lebens hervorbringen wird.
Ditfurths Innenansichten fördern erstaunliche, manchmal erschreckende Ergebnisse zutage, aber auch den
tröstlichen Gedanken, daß unser Leben nicht ohne Sinn
ist.

Claassen Verlag
Postfach 30 03 21 · 4000 Düsseldorf 30

Dimitri Wolkogonow

Stalin
Triumph und Tragödie

Deutsch von Vesna Jovanoska
892 Seiten, gebunden mit Schutzumschlag

»Ich glaube nicht, daß ich gegen die Wahrheit und die
Geschichte verstoße, wenn ich Stalin uneingeschränkt
als Verbrecher verurteile.«
Als erstem und einzigem Historiker war es Wolkogonow
möglich, sämtliche Archive zum Thema zu benutzen.
Zum erstenmal wird der mörderische Sieger, der Geschichte machte wie kaum einer vor ihm und kaum einer
nach ihm, detailgetreu porträtiert. Und mehr noch: Neu
geschrieben wird auch die Geschichte der Sowjetunion
der zwanziger bis fünfziger Jahre. Die Darstellung beruht auf unzähligen bislang verschlossenen Quellen:
Tatsachen über Tatsachen, die niemand kennt und die
die ganze Geschichte des Stalinismus enthüllen. Dimitri
Wolkogonow berichtet von seiner Arbeit: »Manchmal
finde ich nach der Heimkehr aus dem Archiv keinen
Schlaf. Ich bin auf entsetzliche Dokumente gestoßen.«
Eingehend untersucht der Autor in diesem Klassiker der
modernen Geschichtsschreibung auch die politischen
und gesellschaftlichen Voraussetzungen eines beispiello-
sen Triumphes: Der Tyrann siegte, weil es an Demokratie mangelte. Die Tragödie war nicht unvermeidlich.

Claassen Verlag
Postfach 30 03 21 · 4000 Düsseldorf 30